教育的对白

朱永新对话麦克法兰

朱永新　　［英］艾伦·麦克法兰◎著

马啸等◎编译

Dialogue in Education

长江出版传媒　｜　长江文艺出版社

图书在版编目（ＣＩＰ）数据

教育的对白：朱永新对话麦克法兰 / 朱永新，（英）
艾伦·麦克法兰著 ；马啸等编译. -- 武汉：长江文艺
出版社， 2020.9
　（大教育书系）
　ISBN 978-7-5702-1514-0

　Ⅰ．①教… Ⅱ．①朱… ②艾… ③马… Ⅲ．①教育－
对比研究－中国、西方国家 Ⅳ．①G51

中国版本图书馆 CIP 数据核字(2020)第 065542 号

责任编辑：秦文苑　陈　聪　　　　　　责任校对：毛　娟
封面设计：仙境　　　　　　　　　　　责任印制：邱　莉　　王光兴

————————————————————————————————————

出版：长江出版传媒　长江文艺出版社
地址：武汉市雄楚大街 268 号　　　　邮编：430070
发行：长江文艺出版社
http://www.cjlap.com
印刷：武汉中科兴业印务有限公司

————————————————————————————————————

开本：700 毫米×1000 毫米　　　1/16　印张：16　插页：7 页
版次：2020 年 9 月第 1 版　　　　　2020 年 9 月第 1 次印刷
字数：192 千字

————————————————————————————————————

定价：42.00 元

————————————————————————————————————

流动的时间

1. 小学毕业照　　2. 少年时期　　3. 1979 年的健身　　4. 1982 年在苏州大学校门前

1. 1999 年与于光远先生，与他讨论教育问题　　2. 2004 年与李政道先生，向他介绍新教育实验

3. 与镇西，那时候我们都还很年轻　　4. 2009 年与敬爱的李吉林老师

1. 2009 年与首届瑶族女生班学生   2. 2009 年与张海迪和邬书林谈读书

3. 2010 年新教育年会

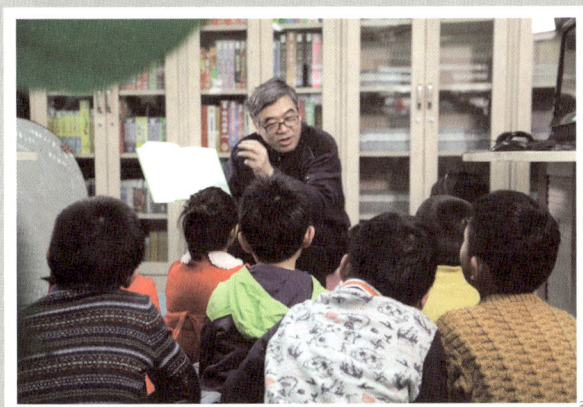

1. 2012 年与艾伦·麦克兰夫妇和马啸女士　　2. 2016 年底在"教育三十人论坛"与诺贝尔经济学奖获得者詹姆斯·莫里斯先生　　3. 2016 年在国家图书馆少儿馆与孩子们分享《爱心树》

1. 幼儿时期的艾伦　　2. 少年时期的艾伦　　3. 艾伦妹妹菲奥娜、艾伦母亲与艾伦　　4. 艾伦全家福，拍摄于 1952 年。右下角是艾伦，正中心是艾伦先生的父亲

Corrydon   July 28 1950

Dear Mummy and Daddy and Ann,
We got the lovely letter. We had
a nice journey up from England.
I have cort a little trout and two
big ones. I am looking forward
to when all of you come back.
What fun we will have! I hope
we will go to Loch Morar fishing
We are writing because it is wet
and we can not go out to play.
We were going for a picnic but it
rained. We had a picnic in the coach

1. 受父母鼓励，艾伦 6 岁不到就开始给远在印度的父母写信，图片为 8 岁半艾伦给父母的信件   2. 戏剧表演是龙校每年都会举办的传统活动。图为表演学生的合影   3. 艾伦的寄宿学校龙校的博物馆和木工区，手工制作是学校重要的课程之一   4. 龙校有各种竞技运动，50 年代初有几年冬天格外寒冷，校长本人甚至还在校舍前的草坪上给建了一个滑冰场。相比其他竞技运动，艾伦更爱滑冰

HAPPY BIRTHDAY ALAN

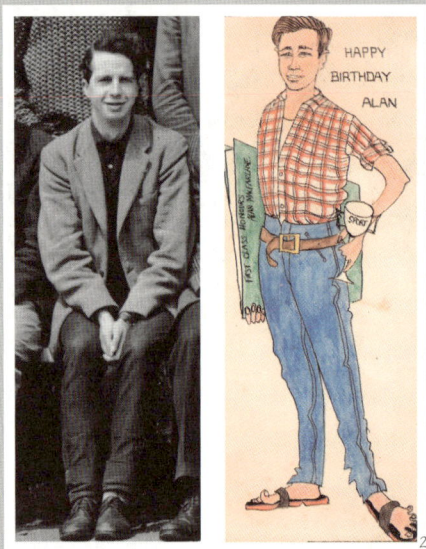

1. 图为艾伦在塞德伯格读书期间的合影。天气好的时候，学生大部分闲暇时间要么坐着聊天，要么在学校操场上玩游戏　　2. 牛津大学时期的艾伦　　3. 学校鼓励学生参加各种辩论社团，提升公共演讲能力。照片右下角可以看到艾伦正认真聆听一场辩论

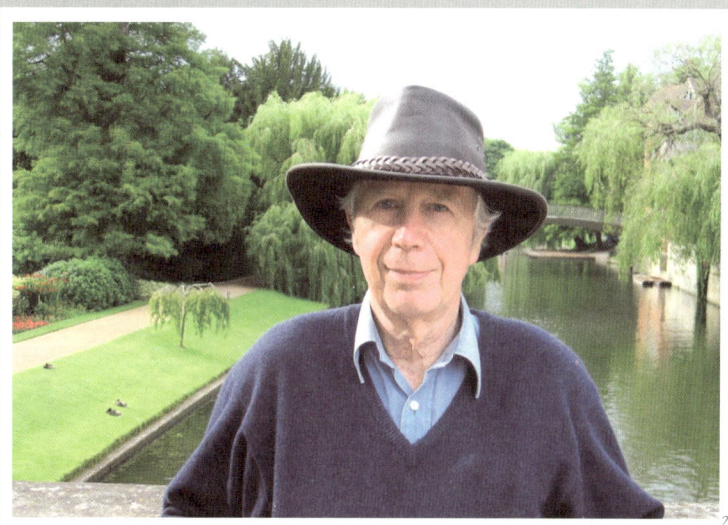

1. 艾伦与朱永新　　2. 艾伦近照

目　录

序1

与艾伦·麦克法兰教授的对话,是一个偶然的机会,也是一种难得的缘分。

按理说,艾伦是英国剑桥大学国王学院终身院士,英国皇家历史学会研究员、人类学会名誉副会长,英国科学院、欧洲科学院院士,在历史学、人类学、社会学、计算和视觉媒体等领域成果丰硕,但其专业领域与教育交结联系并不多。他著有《玻璃的世界》《都铎和斯图亚特王朝英国的巫术》《英国个人主义的根源》《资本主义文化》《绿色的金子:茶叶帝国》等,并被译为多种文字在几十个国家出版,但这些著作涉及教育学问题的却很少。

对话的缘起,是由于艾伦主持的"康河计划"。启动于1983年的这个项目,旨在收集和保存即将消失的世界的信息,通过展示、研究与教学,传播不同的社会与文化知识。康河计划的品牌数字项目包括剑桥大学公开课、诺贝尔奖得主访谈录、世界学者访谈录、世界著名企业家访谈录(对教育与学术研究有贡献的企业家)、数字喜马拉雅文化保护计划、世界口述计划、环球地方研究等。我有幸被他选中作为世界学者访谈的系列人物之一。

2015年,艾伦夫妇在中国社会科学院马啸博士的陪同下,专门来到我的工作单位中国民主促进会中央委员会，就他主持的学者访谈项目"康河计划——保护即将消失的世界"展开交流。除此之外他告诉我，他还很希望能对我和新教育团队进行采访记录。

随后，我们开始了长达4年多断断续续的对话。2015年11月14至15日，新教育国际高峰论坛在河南省郑州市管城区开幕，艾伦带着摄影团队赶来，利用会议间隙我们进行了首次比较深入的对话。此后，在北京、深圳、中山等地，我们又进行了几次深度专题交流，并且通过邮件进行了几次笔谈，形成了这本书的初稿。

在与艾伦交流的过程中，对他的了解也不断加深，他给我留下三个特别深刻的印象。

首先，艾伦是一个对于未知世界有着强烈的好奇心和对于跨文化田野调查有着浓厚兴趣的学者。他长期在西欧、喜马拉雅地区（主要是尼泊尔、印度阿萨姆邦）、日本和中国进行田野研究，自从1996年第一次到中国以后，24年间他已经来中国近20次，从汶川大地震的现场到茶马古道的遗存，从现代化都市深圳到边陲小城丽江，他的足迹遍布大江南北。"每事问"是他的一个重要特点，我多次发现，不弄清楚问题不罢休，是他的重要特点。他的著作，不是简单地用笔写出来的，而是用脚行走出来的。这从他15年磨一剑的《日本镜中行》可以窥见一斑。

其次，艾伦是一个致力于东西方文化交流和国际理解的学者。他曾经深有体会地说："在西方，了解中国的人并不多，而对中国有所洞悉的就更少了。能够连续多年在中国进行访问,是我与中国的缘分。对于外国学者来说,这是难得的深入了解中国的机会。大多数西方人还是从具有偏见的媒体中了解中国,这些媒体的信息大多还基于西方人在 19 世纪对于中国的刻板印象,带有一定的种族歧视和西方人的自傲。"所以,他坚持用自己的观察和思考看中国,用深度的访谈、深层的观察和深入的行走,发现中国的特点。他对中国的发展充满信心,认为"中国将更加强大,会对是否有一个更好的世界而负责。也许,中国的改变,并不像西方那样轰轰烈烈,也许是一种安静的方式,转化周围的世界"。他也对中国的改革发展提出意见与建议。他认为,在未来发展中,中国有三个主要问题是无法回避的:"第一个是教育问题。课业负担重、视野狭窄、竞争激烈,甚至导致了自杀等社会事件;第二个是生态系统的问题,环境污染和资源消耗;第三个是体制的问题。现在中国的很多事情可以非常有效率地完成,但是环顾世界,有很多制度应当被引入中国,使市民感受到自己能够掌握自己的生活。"这些年来,他还直接推动中英开展了许多文化教育的交流合作项目,如邀请昆剧青春版《牡丹亭》和《十五贯》到剑桥大学演出,启动"佛教文化遗产数字博物馆"项目,发起"剑桥徐志摩诗歌艺术节",与四川大学联合建立喜马拉雅多媒体数据库,与商务印书馆在英共建国际编辑部等等。在"新冠"疫情爆发以后,面对国际社会的某些批评声音,他站出来高度评价中国政府对于国际抗疫的巨大作用,认为中国可以在这场世界性的抗击疫情中发挥主导作用,"因为它拥有和谐和相互负责的儒家伦理,以及人人平等的社会主义理想,就像它在这场国际危机中对许多国家提供支持一样。我们可以从一个相互争斗的、零和的世界中走出来,进入一个更健康、更具协作性的世界"。

再次,艾伦是一个对教育问题有着浓厚兴趣和独特观点的学者。2012年左右,我读到的第一本艾伦的教育著作是《给莉莉的信》。这本书用给外孙女写信的方式,回答了爱与友谊、暴力与恐惧、信仰与知识、权力与秩序、自我与他人、生与死、身体与头脑等青少年关心的人生重大问题。后来,我把这本书推荐给中学生基础阅读书目研制组,作为高中生的重要阅读书目之一。2014年底,我有幸读到了《给莉莉的信》的姐妹篇《给四月的信》的手稿。如果说《给莉莉的信》更多涉及人生与世界的"道",那么,《给四月的信》则更多涉及认识人生与世界的方法,即如何"知道"。应艾伦的邀请,我为这本书撰写了序言。2019年,又读到了他的新著《启蒙之所 智识之源——一位剑桥教授看剑桥》,这本书生动地分析了剑桥大学的教育精髓以及对大学责任与使命的理解。读完这本书以后,我就剑桥大学如何让学者保持"孩子气",其教育方式如何激发师生的创造潜力,今天的大学具有何种使命等问题请教艾伦,并且在《中国教育报》发表了《剑桥大学怎样进行思想启蒙》的对话。

随着我们对话的逐步深入,艾伦对教育的兴趣也日渐浓厚。他告诉我,他已经撰写了十多种以自己的教育经历为基础的教育著作。

艾伦不仅通过"康河计划"为人类提供了一个巨大的思想宝库。他本人就是一个巨大的宝藏。让我们一起通过这本小书走进艾伦的世界吧!

朱永新

2020 年 6 月 19 日写于北京滴石斋

序 2

与朱教授合著这本书，对我来说是莫大的荣幸，也是一次难得的教育体验。

我与朱教授初次见面是在 2012 年 10 月。他时任全国人民代表大会常务委员会委员，当时，我们详细讨论了中英教育差异，朱教授还向我介绍了中国正计划推进的教育改革。朱教授对我写给孙女的《给莉莉的信》很感兴趣，并推荐这本书列入"中国中学生基础阅读书目"，恒威向高中生推荐的 100 本书之一。由于《给莉莉的信》受到读者们的喜爱，和朱教授见面之后，我开始动笔写作《给四月的信》，作为送给我的学生马啸刚诞生的女儿的礼物，旨在向中国的青少年读者们介绍西方哲学思想的演替，也是"大师小笺"系列的第一本书。朱教授欣然为《给四月的信》作序，这促成了我们的第二次联结。

在几番交流之中，我和朱教授对彼此在东西方不同教育体系中的成长历程、教育实践和由此产生的思索产生了浓厚的兴趣，认为可以成为深入交流的基础。在朱教授的提议之下，我们决定合著一本关于比较教育的书。我们于 2015 年 11 月再次会面，围绕中英教育展开了三个小时的内部研讨。我还把讨论全程拍摄下来,并在田野日记中作了概括:"在对最佳教学方法和教育目的问题的认识上,中国的理念与英美理念日渐趋同。但中国教育更强调公平,目标是让所有人都能平等获得最优教育资源,在目前阶段还很难实现这一目标,因为与之相随的成本巨大。这正是许多中国学校探索尝试新教育模式的原因,这些成功的模式将来会在全国推广。"

我当时的日记中也记录了我对朱教授和他所推动的事业的印象:"朱教授是非常勤奋、有动力的人,我和他的交流越来越有趣。他思想开放,好想法源源不断——比如思考教育的创造性和积极作用,以及如何摆脱原有儒家模式。朱教授在书中介绍了中国各地正在积极探索各种新教育实验,让我印象尤为深刻。中国目前有3000多所中小学正尝试一种新的、更自由、更有创造性的教育方法,涵盖了300万学生。这种新教育理念更强调培养艺术和音乐素养、发展个人爱好,以及养成自我约束力。此外,苏州和北京两所大学也正在探索一种新的大学教育模式。这两所大学尝试由学生自治,学生需要每月给父母写信,写日记,并积极培养个人兴趣爱好。这一切努力尝试都让人充满希望。"

一年后,应朱教授邀请,我参加了2016年10月在广东中山举行的中国教育学会家庭教育国际论坛。这是中国规模最大的教育盛事。在论坛上,我和朱教授都做了主旨演讲。当天下午,我们二人面对众多参会的教育界人士举行了一次现场对谈,整个过程也被拍摄下来。

2019 年 10 月,我和朱教授在北京共进晚餐,进一步讨论了我们未来的合作——朱教授所指导的教研团队将与我所担任主席的剑桥康河教育研究院通过共同主办《国际教育观察》杂志、举办国际教育系列对话、促进两国学者与教育专家互访等活动进一步促进中英两国在教育与文化交流方面的共同发展。不久,我们都参加了在深圳坪山举行的一个大型活动。这次活动的参与人数超过一千,活动现场还发布了我的现代思想家系列丛书。我在旅行日记里对这一活动的记录如下:坪山对谈是教育家朱永新、著名作家周国平和英国剑桥教授麦克法兰之间展开的一场关于中英教育比较的对话。朱教授在对谈一开始提到他承蒙马啸引荐与我的第一次会面,还提及自己把我的作品《写给莉莉的信》作为必读书推荐给所有学校。朱教授还介绍了丛书的出版情况。随后,我做了一个简短演讲。深圳报业集团出版社胡洪侠总编主持了整场活动。

我从这些对话交流中受益匪浅。我和妻子在过去 24 年里 17 次来到中国参访当地学校和大学,而与朱教授等人的一次次思想碰撞成为我实地考察的重要补充,帮我更好理解两国差异。另外,我也从朱教授向我提出的问题中了解到中国顶尖教育家最关注的问题是什么,并在书中尽力作出回答。

从这些问题中我还得知,中国正努力学习吸纳世界各国不同教育模式的精华之处。中国很擅长学习别人长处,将中国传统精华与西方经验相融合,在许多领域都取得了成功,在教育领域就更是如此，取得了丰硕成绩，中英两国可以说是几个世纪以来发展不同教育模式的杰出典范。

我很荣幸有机会能够比较深入地向朱教授阐释英国教育的优秀实践经验以及教育在英国的历史地位，这些认识跟我的个人教育经历密不可分。从 8 岁到 18 岁，我有幸就读于英国知名寄宿学校，遇到了一流老师，接受了创新的教学方法。之后，我进入包括牛津和剑桥在内的几所世界顶尖大学，攻读硕、博士学位。毕业后，我在剑桥大学任教，在从教近 40 年时间里，结识了众多优秀学生和教师。我还担任过院系领导，写了 5 本关于剑桥的书，试图向外界解释这所优秀大学的教学理念和教学方法。

除个人经历之外，我还参阅了自己在不同学习阶段保留下来的文件资料，并据此撰写了十卷本系列书籍（平均每卷 350 页），详细分析了我个人成长的各个阶段，以及每个阶段对一生的影响。现在，通过阅读一个孩子所写的东西以及外界对我的评价，来了解他如何从一个小男孩成长为一个成年人，并体会他在不同成长阶段的不同想法和感受。

此外，我还对研究如何成为有创造力的思考者、能够不断发现新世界充满兴趣，这一兴趣源自一个不同寻常的项目，该项目目前对 250 多位有创造力的人进行长时间录像采访。访谈中，我特别关注受访者大学毕业之前的成长经历。我把这些访谈资料都传到网上，免费提供给中国老师和学生参考。这些受访对象来自不同领域，甚至不同国家，除了西方国家外，还有来自印度、日本和中国等东方国家。对他们的访谈让我更全面地了解到教育对这些人的影响和塑造。

我多年致力于研究教育制度的发展演变,其心得也被我带到我们的交流中。作为一位社会历史学家,我对英国近千年来教育制度的演变,特别是教育如何与家庭制度、资本主义和个人主义相适应,有深入了解。

同时,作为一名人类学家,我多次到访不同国家,研究不同文明的教育发展情况。这些国家分别是我所在的英国、尼泊尔、印度、日本和中国。在这些考察中,我和妻子(也曾是教师)参观了许多学校和大学,并与那里的师生交谈。这些参访活动是中国凯风基金会一个国际比较教育研究项目资助的。作为一名人类学家和电影制作人,我还参与拍摄英国和尼泊尔儿童的成长过程,观察他们如何通过想象游戏进行非正规学习。

上述所有经历都有助于我阐释我所认为的高品质教育的本质。但是,如果我对中国缺乏必要了解,那么我的这些认识就很难传播出去,被中国读者理解和接受。一个国家的教育制度跟这个国家的政治、经济、文化和社会体系密不可分。此外,教育制度还深受历史经验的影响。一个西方观察者要想知道什么样的教育模式在中国可行,中国需要什么样的教育改革,首先就要对中华文明的过去和现在有所了解。我对中国的认识了解源自每一次中国之行,源自我跟中国学生的相处,源自与像朱教授这样的中国学者的交流。过去 24 年的观察研究让我认识到,将两种差异很大的传统文化相融合是可能的,这一认识不仅给中国教育,还有西方教育都会带来积极影响。

最后,一直以来我都对传播策略研究抱有兴趣,热衷于研究技术变革对学习过程的影响,以及技术变革对教育促进个人发展和推动社会进步的影响等问题。从 20 世纪 70 年代起,我就参与了剑桥的计算机、互联网和视频革新,这场革新主要是受到英国著名数学家、计算机科学之父艾伦·图灵的影响,他曾就读于我所在的剑桥国王学院。从那时起,我就尝试各种新技术实验,包括运用新通讯技术,创建在线数据库,使用视频上传平台来储存我的数千部教育影片。

由于通信技术的发展,特别是在过去二十年里,我们的工作和社会生活正经历一场日新月异的巨大变革,而这仅仅是一个开始。我们必须为未来几十年做好准备,去迎接目前无法预知的机遇和挑战。这一问题对中国尤为重要。中国人口规模庞大,高度重视教育,推广应用新技术的速度惊人之快,这些因素都促使中国逐步成为全世界的技术引领者。此外,中国地域广且多样化,是推广新教育理念的巨大试验场。与许多西方社会不同,中国不会被传统束缚,它就像一张几乎空白的画布,一切可以重新开始,做其他国家做不到的事情。通过选择最有效的教育实验,中国教育体系的演变可能比世界其他地方都要快。这在世界教育史上也是一个激动人心的时期,对我来说,观察中国教育体系发展也是非常难得的机会。

此外,中国社会文化体系的发展变化比我所知的任何一种文明都快,而且这种变化继续快速进行着。为应对这一情况,中国的教育理念需要比过去更加灵活开放,教学内容也要更加广泛。我们必须跳出窠臼思考,另辟蹊径探索。

我和朱教授,一个来自西方,一个来自东方,正是对同一问题的关注和思考才让我们这两个来自完全不同背景的人走到一起,密切合作,共同完成这一著作,希望我们的努力能给读者带来不一样的体验。我知道,跟人合著一本书并不容易,即使合作对象是来自同一文化背景的人也很困难,更何况合作者是来自完全不同的国家,拥有完全不同学术传统的学者,一起写书更是难上加难。

如果这本书能成功把我和朱教授的思想融合,这其中大部分功劳都来自于我以前的学生、现在的好朋友马啸女士,她是朱教授和我之间的沟通桥梁。我向她以及为对谈材料翻译、整理、审校的编辑团队,包括王笛、岳坤、王蕾、何雪聪、徐群霞、杨璨、刘寒雁、陈东、王玲蔚、汪媛、吕馨慧等人致谢。我也向我其他的中国朋友,特别是王子岚表示感谢,感谢他们的付出,促成这次宝贵的合作。老子有句名言"千里之行,始于足下"。在中国作为世界文明再次大放异彩之时,希望这本书是帮助理解东西方之间相互合作、彼此促进的漫长旅程中迈出的第一步。

艾伦·麦克法兰

2020 年 5 月于剑桥

第一辑
中英教育谈

　　看教育如何，应该看教育是否符合一个国家和地区的文化传统。 任何教育都有自己根植的土壤。

　　把中国的教育原封不动地拿到英国，或者把英国的教育简单照搬到中国，都会遭遇水土不服。 无论把英国学生的散漫归因于他们的福利制度，还是把中国学生的高分归结于尊师重教，都是不够科学的。 因为原因比表象复杂得多。

朱永新：

近年来，英国广播电视公司（BBC）关于中英教师与学生的纪录片引起了两国学者与公民的持续关注。三集纪录片，长达一个月的连续跟踪拍摄，尖锐的文化冲突与师生矛盾，一开始让许多观众对中国教师不屑一顾，甚至觉得中国式教育必败无疑。结果不出我所料，几位中国老师带领的英国学生在数学、科学和中文考试中不仅全面击败对手，而且每门课均超出 10 分。如果时间再长一些，很可能分数差距更大。您是怎样看待这这个节目的？您认为中国的基础教育真的赢了吗？

麦克法兰：

这档节目确实引起了诸多争议。这部纪录片生硬、刻板地对比了中英两种教育体系。在前几集的节目中，观众很难想象中国老师最后会赢得比赛。因为他们的课堂冲突频频，甚至无法正常进行授课。

没有一个解说员了解这两种教育体系背后的哲学理念和历史，所以这部纪录片作为一次比较性分析是非常不尽如人意的。看完这个节目之后，我们并没有超越表象真正理解它背后的原因。不过，从商业角度看，作为一种比赛、一次电视真人秀节目，这部纪录片显然很成功。朱教授怎么看待节目中中英教育的较量？

朱永新：

其实，我更愿意把它看作一场东西方教育交流、碰撞的试验，更希望真人秀激起一次关于教育的真考问，并以此为契机进行全民教育大讨论。我们尤其需要自我考问，例如用什么来评价教育的优劣？什么才是真正的好教育？

仅凭分数就能够评价教育的优劣吗？我认为分数只能够反映学生对于某些知识的掌握程度，并不能评价教育的整体水平。分数的对比不能评价一种教育方式的优劣，更不能用来评价一个国家的孩子、一个地区的教育的发展水平。

那么，衡量教育水平的标准是什么呢？

我一直认为，首先是看教师与学生能否拥有一种幸福完整的教育生活。所谓幸福，就是让师生双方都能享受课堂和教育带来的智慧挑战，享受学校生活带来的不断成长；所谓完整，就是让师生双方在教育的过程中能够发现自己，不断成就自己，能把个性培育为特色，成为最好的自己。为此，学校就不能优先关注分数、关注考试、关注知识灌输，而应该更加关注心灵成长、关注个性的舒展，并为之提供更丰富多元、更生动有趣、更透彻深邃的课程体系。

其次，是看教育能否培养出社会需要的人才。一个国家和地区需要的人才是多元的，在各行各业中既需要精英，也需要一般劳动者。而各类型人才的共同基础是做人。新教育实验为此提出，最好的教育培养出来的学生，在长大成人以后可以在他们的身上看到政治是有理想的，科学是有人性的，财富是有汗水的，享乐是有道德的。

再其次，是看教育是否符合一个国家和地区的文化传统。任何教育都有自己根植的土壤。把中国的教育原封不动地拿到英国，或者把英国的教育简单照搬到中国，都会遭遇水土不服。无论把英国学生的散漫归因于他们的福利制度，还是把中国学生的高分归结于尊师重教，都是不够科学的。因为原因比表象复杂得多。

这部纪录片让我想起了多年前孙云晓写的《中日夏令营的较量》。其实，谁赢谁输并不重要，重要的是我们应该借此反思我们的教育。借此思考，我们有哪些教育的传统需要保留和弘扬？哪些教育的弊端需要改正和抛弃？

由于近年来上海连续在国际学生评估项目（PISA）的测验中独占鳌头，以英美为代表的西方国家已经下决心学习中国教育的优点。在他们"向东走"的时候，我们是否也应该"向西看"，学习西方教育重视个性与创造性，加大学生的自主学习呢？ 在分数不如中式教育的情况下，英国的校长们依然认为，中式教室里孩子"不像有童年"，依然认为我们的教育"更像100年前英国的传统教育"，依然认为"在培养学生的创造力方面，英国无疑比中国更有优势"。 这些话虽然不完全正确，但是值得我们反思。

麦克法兰：

您说的很对，中西的教育都有其可取之处，相互学习才可以更好发展。

朱永新：

在麦克法兰教授看来，英国人对自己的教育自信吗？ 为什么要引进上海的数学教学方法和测试练习？ 为什么要派老师到中国学习？ 对于大部分中小学生而言，数学成绩真的那么重要吗？

麦克法兰：

英国人都相信他们的教育体系有着卓越的品质，并且一直发挥着很好的作用，但同时也想进一步改进自己的教育。尤其是现在英国学校也参与到世界排名体系中，这种排名做法源自美国，那么英国的教育部长和其他相关的部门负责人也不得不把学校视为一个个"足球队"，持续关注他们在"联赛排行榜"上的排名。

如果只看学生通过需要背诵记忆的考试或逻辑能力测试的百分比情况，那很明显，在某些国家，特别是斯堪的纳维亚和中国，学生水平会更高，但这种评价标准太单一。英国人也乐于接受改进，他们和中国人一样，会努力找出可以从别人那里学到什么。

但通常这种努力都是徒劳的，因为教育是一个一揽子方案，正如纪录片里不断强调的那样，教育很大程度上取决于家庭结构和家人的教育理念，中国学生能在英国学校里也取得高分就证明了这一点。而且许多讨论也忽略了教育的全部意义。举个例子，我在剑桥的同事经常发现，那些来自数学或理科专业一流学校的学生，在创造力、创新性和其他技能方面会表现得不尽如人意，而这些素质都是他们毕业后走向社会所需要的。

其实在英国教育中，当孩子 16 岁的时候会有一个分界线，相当于中国学生高二的时候，从 16 ~18 岁开始他的整个教育方式就改变了：16 岁以前，基本上就是老师在上面说，学生在下面听，老师是把脑子里的知识传递给学生；16 岁以后，老师的角色就跟教陶器和绘画的老师类似了，基本只起辅导的作用，老师教给你方法，你要自学，老师会给一些点评意见。 以前这种教学方式主要是针对大学生的。 目前在英国，高年级的学生也在用这种方法，这样可以帮助他们提前适应大学生活。 所以我觉得这是未来的一种教学模式。

朱永新：

我觉得这种教学模式不仅可以应用于高中，还可以渗透在小学初中阶段。 事实上从小学开始，甚至从家庭开始，就要让孩子自己去学习寻找知识的方法，而不是把知识灌输给孩子，因为被动地去获取知识必定是低效率的。 我们现在提出的新教育的"理想课堂"，就是一个有结构的、有境界的课堂，（我们认为）最好的教学就是把知识跟学生的生活体验紧密地联系起来，这样他学得更有效率，同时最好的课堂也是把教师的面对面灌输变成学生主动学习的过程。 所以，现在中国教育改革一个很重要的方面就是课堂改革，以前的课堂从小学、中学到大学，基本上都是"上课记笔记，考试背笔记，考后就全部忘记"，可现在情况在渐渐改善，从大学到中学，甚至小学，老师开始让学生自己讨论，自己去发现问题，然后让学生进行讨论和报告，老师负责指导。 过去教师一堂课45分钟都在讲课，现在一般来讲，教师在课堂上讲解的时间比例减少到 1/3 左右。

麦克法兰：

据我了解，您长期研究中国教育思想史，您的三卷本《中国教育思想史》已经被麦克劳—希尔教育集团翻译成英文。 您认为中国教育存在哪些主要的优点和缺点？

朱永新：

中国教育的优点和缺点其实都比较明显。

优点上，总体来说比较注重知识的系统性、全面性，注重学生的基本能力、基本知识的训练。 所以，中国的学生相对来说掌握知识的脉络比较清晰，基础比较扎实。 另外，中国的教育相对来说比较注重良好的师生关系。中国教育强调尊师爱生，强调教师对学生的爱护、学生对教师的尊敬，这才得以比较好的保持了整个教学秩序。第三个优点，相对来说在管理教学的过程中，政府的力量比较强大，政府自身体系能够保证整个教育机器的顺利运转，保证各个地方的教育资源能够随时进行调配，保证教育的决策能够自上而下地贯通。与此同时，中国教育的这些优点的背后，也反映了它的缺点。或者说，实际上优点和缺点本身是相互联系的。因为中国教育相对强调系统性和完整性，比较重视群体，对于创造性、对于个性的发挥就相对重视不够，对于那种个别的、个性的因素相对重视不够，对于创造性才能的培养相对来说不够。因为中国比较强调个人服从集体，所以在良好的师生关系中，也会强调一种等级森严的师生关系，造成了学生反抗权威的精神不够、挑战权威的勇气不够，这样在创造性上受到很大的约束，这也是中国教育上一个比较大的缺点。

中国教育行政能力太强的背后，实际工作中的行政干预就相对较多，学校的自主权相对来说就比较少。留给学校的空间不够，校长和老师的创造力难以发挥，让教育的创造性不够。另外，对政府的依赖性相对来说也比较强。

第四个大的问题就是中国教育公平的问题。因为中国现在城市和乡村，东部和西部社会环境的差距很大，在教育发展上也很不均衡。拿教育经费来说，上海学生的生均经费比贵州的就要高好多倍，这样各地之间教育发展就很难平衡。 这也是中国教育的一个很大的缺点。 虽然中央政府在那里进行适当的调控，但是因为双方基础的差距比较大，而且教育的问题又是和经济、社会紧密地联系在一起的，所以这种东西部、城乡之间的差距近些年来没有明显缩小的趋向。 这也是中国教育令人忧心忡忡的一个大问题。

其实，这也是我想问您的问题。 麦克法兰教授在中国生活了很长一段时间，你认为英国教育有什么优点和缺点？ 中国教育又有哪些优点和缺点？

麦克法兰：

以我个人经历为例，英国的教育中，学校教育的总体目标是让我成为一个有用的成年人。 我所学习的是如何生存，以及如何在任何情况下都能成功生存。 为了达成这一目标，英国教育提供了很多种不同的方式，正式的和非正式的，让我学习如何成为一个理性、负责任的成年人。 这些都是英国教育的优势。

首先，学校生活被安排成一系列平行领域供学生探索。 三个主要方面是社交、学术和游戏，这就意味着评估学生的标准是多重的。 我从这些不同领域中学到，生活就是一场接一场持续不断的斗争。 一个人在一方面可能做得很好，但却会在另一个领域上摔跟头，没有什么是确保万无一失的，只有能力、专注、投入和努力才能使一个人不断向上，获得老师、其他同学和父母的尊重，尤其是获得自己对自己的认可。 学校尽管竞争激烈，但那些并非天生聪明的人也有机会拿到安慰奖。 这样的安排，会让那些即使感到力不从心，无法取得多大成就的平庸者，也会感到一定程度的希望，并在努力中得到满足。 正是通过这种方式，学校成功地让学生们建立自信，帮助他们在不同领域取得成果，避免了在许多学校出现的"井底之蛙"综合征。

第二，英国学校的学生根据不同的能力水平被分配到不同班级。 所以一个学生可以上拉丁语的高级班，法语的初级班，数学的高级班等等。

第三，教室里的讨论氛围非常开放。 你可以听到低年级学生站起来分享建设性意见，或者提出质疑，而不是战战兢兢、犹豫不决地回答一个被迫回答的问题。 老师和学生之间这种半平等关系让学校氛围变得更轻松自在。 我们在学校接受的反馈基本上都是，几乎所有的老师都喜欢并信任我们，希望我们尽自己所能做到最好。

第四，学校有丰富多彩的俱乐部、运动会和户外活动。 学生们要学习如何生活在一个共同的生活社区，以及如何培养自己的兴趣爱好和多种技能。

总之，学生要充满积极正面的情绪，这尤其重要。 正面情绪包括自信、愉快、克服孤独、凭借优秀的个人品质吸引别人以及被别人吸引，还有敢爱、敢恨、超脱等等，这些情绪和品质都需要慢慢培养出来。 因此，在学校里，非家人之间也要像家人一样给予彼此温暖。

然而，英国教育尤其是寄宿教育的弊端也十分明显。 以我的学校为例，虽然这所学校名声很好，但也存在当时寄宿教育中普遍存在的缺点：势利、自满、过于注重游戏、更适合学业优异的学生，不适合像我这样的普通孩子。 许多学生压力很大，饱受想家、孤独、物质条件差之苦。 回顾我在寄宿学校龙校的岁月，直到最近我都觉得在那里的前半段时间里很不开心，充满焦虑和疲惫。

我对于中国教育的了解，其实比较私人，而我却对中国传统的教育印象深刻。 我记得孔子和他的追随者主张教育的目标是培养道德高尚的人，不仅能处理好跟家庭成员的关系，还要处理好跟国家的关系。

这一点经常被提出来，但仍需要再次强调，因为在中国教育体系中对智力学习的高度重视很容易让人误以为，教育和考试的目的就是为了提高学生的智力水平，就像欧洲大陆模式一样。 事实上，尽管智力发展很重要，但在中国，智力水平的提高与道德情操的培养绝对不是分离的，就像学校跟家庭也不是完全隔绝的一样。 家庭和学校，头脑和情操，融合在一起。

在传统中国，学校和家庭是融为一体的，这两者都是培养孩子道德情操的场所，同时，学校还要承担提升学生智力水平的职责。学校是家庭的延伸，一日为师，终生为父——老师向学生传授父母不具备的，或没有时间传授的技能。而家庭教育主要是包括把握好孩子道德情操培养的正确方向，培养孩子对家长的顺从意识。因此，在传统中国家庭中，父母跟子女之间没有对立，没有分裂——不像西方传统那样。

其实从上述来看，中英的教育优点和缺点其实都非常明显。不过随着社会的变化和发展，以及全球化的进程，中英的教育其实相对于早期的传统教育来说，都发生了很大的改变。

朱永新：

您提到了传统教育，您是怎么看待中英教育传统的？现在的教育有什么不同吗？

麦克法兰：

首先，培养官僚体系所需人才是目前教育一个很小的职能，如今人们从事着不同的职业，比如法律、商业或学术，需要掌握的更宽泛的技能。 其次，在知识传播方面，过去老师从书本上获取知识然后再传授给学生，现在随着互联网的发展，学生获取知识的渠道不再只有老师，他们还可以通过网络来学习，所以现在老师的工作不仅仅是传播知识，还要教给学生使用学习工具，这是信息时代我们必须要做的。 第三，我们还要教会学生如何思考，而不仅是告诉他们如何长大成人，因为孩子们在离家之后会成为不同的人。

更具体来说，首先，中国传统教育不仅是讲官僚体系那一套，还要把一个人当做未来的官员去培养，目标是考秀才中状元，所以它的整个思想体系和英国的精英教育是不一样的。 剑桥大学也主要是师徒制，但后来渐渐演化成教给学生研究方法，而不是教授知识内容本身。 在互联网、大数据时代，很多学生不再从老师那里获取知识，老师的角色只是给学生提供指导。 由此，学校以后的发展模式就可能变成另一种方式，更多是学生自学，老师教给学生自学方法，然后检验自学效果。

英国的精英教育，特别是中学的精英教育、私立教育，如伊顿公学，被视作传统教育的"敌人"，这里的精英教育是以培养国家的精英、领导者为目标。 他们特别强调不仅要学习书本知识，还要重视体育运动，体育运动不仅可以强身健体，而且在运动中与人合作，还能让你学习如何与人沟通，提高情商。这就跟我们的思想教育课一样，老师通过带领学生参加学校教堂举办的仪式或者参加体育活动等方式对学生进行精神教育。

此外，英国的思想教育特别注重培养创新力和领导力。所以他们这套体系和中国是非常不一样的，可以互相借鉴。

按照我的理解，传统的中国教育，就是孔子和他的后来者的目标，即塑造道德上"仁、善"的目标，也就是与家庭和国家都保持良好的关系。像欧洲大陆的教育模式，和中国的教育一样，他们也几乎都是关注智力发展的。实际上，尽管头脑（智力）很重要，也没有任何方法能把它和中文里的"心"分离，正如学校无法和家庭割裂开来。家庭与学校，头脑和心灵，是融合在一起的。

而且，中国人把性格和道德教育深深嵌入学生的常规学习及其对待教职工和学校环境的态度中。对"先生"的尊敬和学习过程中的仪式感……正是在这样的环境中，中国学生学习和体会着自己应该成为怎样的人。您认为中国教育和学校在多大程度上仍立足于儒家思想？

朱永新：

应该说儒家思想在中国有两千多年的历史，它已经成为我们文化的血脉。"五四"以来，在西方思想的冲击下，社会价值观变得越来越多元。但是，传统思想在我们的教材中、教学活动中、在我们很多人的思想中依然存在。

尽管现在社会上对儒家文化、对孔子思想、对儒家教育还有各种各样的非议，例如我们在文化上太强调权威和服从，欠缺反抗精神，不能鼓励创新等。比如说我们的文化太重视集体，而不是强调个性、个体等等。但是，我个人认为，儒家文化作为两千多年的一个传统，还是有它存在的价值。它在维系中国社会的长期稳定，维系中国多民族的和谐发展，乃至于维系中国经济上的繁荣富强等方面都起到了非常大的作用。

在一次政协常委会上，我就曾经提起儒家文化的一些精髓。比如说勤，就是儒家文化的一种根本精神，中国人特别倡导"天行健，君子以自强不息"。这种自强不息的精神，这种勤劳的工作状态，应该说就是中国儒家文化的一个显著的特征。中国人走到世界上任何一个地方，应该说都是最勤劳的一群人。这也是中国人为什么在世界的任何角落都能站住脚跟，都能生活的很好的一个很重要的原因。再比如说"朴"，朴素，质朴，这也是中国儒家文化的一个很重要的标志，如周易里面讲到"地势坤，君子以厚德载物"，这样一种包容、宽容、不计较、不张扬，也是儒家文化的一个很重要的传统。还比如说"仁"和"义"。"仁者爱人"，儒家文化的爱应该说是一种基于血缘又超越血缘关系的爱，对于父母、兄弟姐妹、同事、老人、长者、国家、民族的爱，这样一种爱的精神是儒家文化所具备的。另外一种是"义"，这种公正、正义、讲义气是儒家文化所特有的精神。当然，最关键的一个还是"和"。因为儒家文化特别强调"中庸之道"，不走偏激的路线。在国际上，中国人从来没有把自己的价值观强加于别人，从来没有想去侵略别人的领地。这种"和"的精神也是中国文化所特有的。而这些东西在我们的学校教育中还是有形、无形地存在的，尤其是通过我们"和而不同"的文化，通过我们文字记载的经典文化还在继续传承着。

"五四"以来，在西方文化的冲击下，我们对自己的文化关注是不够的，自豪感是不够的，对它的精华的汲取是不够的，这也是我们中国教育开始反省和不断努力的一个重要方面。

现在我们传统文化相关的教育是缺失的，许多中国人已经离传统文化和历史记忆越来越远了，他们开始过圣诞节、愚人节，已经忘记传统节日，吃肯德基、披萨而忘记传统饮食，对此您怎么看？针对传统文化教育的缺少，您有什么好建议吗？

麦克法兰：

这是全世界都面临的一个严重问题。在中国，这更是一个特殊的问题，因为许多传统习俗，包括许多传统节日等，在文化大革命期间被废除了。现在这些传统又悄然回归，但往往与商业利益或受到西方文化冲击有关。中国人对春节、清明节、中秋节这些传统节日的高度重视也让我印象深刻。中国人在节日中花费的时间和精力可能比在英国人更多。 鼓励父母和老师关注中国传统文化也会对改善现状带来很大帮助。 我的学校非常重视我们的传统节日，例如"盖伊·福克斯"之夜和复活节。 我觉得也应该鼓励中国学校这样做。 您是怎么看待中国目前的传统文化教育缺少这一问题的呢?

朱永新:

中华优秀传统文化教育的缺失，带来的是精神世界的浮躁、迷误、幽暗甚至荒芜。 即使我们将这样教出来的孩子自诩为"世界公民"，但是，这种缺乏从民族之根汲取营养的"世界公民"，是很难为世界奉献独有的价值，也很难真正走远的。教育在本质上是对于人类所创造的思想文化的自觉传承活动，是在对各种思想文化进行一番审视、选择和编纂之后，择其要者纳入"以文化人"的教育体系中的。 每个民族在不同的历史时代，都在自觉不自觉地对自己的文化思想进行"选编"，为每一个时代的教育打上了特定的文化烙印，也为每一个时代的文化涂上了教育的色彩。 用这个观点来审视我们的教育，中华优秀传统文化教育的缺失，我们自己是应该负有责任的。 我们的教育多少放弃了自己对文化更新的巨大作用，忽视了中华优秀传统文化的教育。 教育没有自觉履行起对于成熟的思想文化的

"选编"的责任，没有从中国文化长远的发展来考虑学校的目标，学校追求的只是功利化的分数。

麦克法兰：

教育应该是文明复兴的新动力，学校应该是文化发展的新中心。 学校在这一方面其实是可以发挥主要作用的。

朱永新：

学校确实可以从中发挥重要的作用并承担相应的责任。 学校追求的不应该只局限于功利的分数，我觉得应该努力成为文化复兴和文化发展的新中心。 我觉得可以从几个方面着手。

第一，学校必须设置有关中华优秀传统文化教育的课程。国学、中医、中国书道与绘画、中华武术、剪纸、木刻年画、礼仪、节日与庆典等，只有走进课程，成为教学内容，才能够真正被学生掌握。 师生也只有通过各种庆典和仪式，才能把自己的根深深扎在中国文化的沃土上。

第二，在学校生活中全面贯彻"用中华优秀传统文化为学校立魂"的主张。 通过开展"文化植根""文化塑形""文化育人""文化强师"等方面的学校文化实践，将中国传统文化的精神、理念渗透到学校建设的各个领域，让公民、生命、科学、数学、语言、历史、地理、艺术、体育等课程都闪耀着中华优秀传统文化的熠熠光芒，让逐日凋敝的中华优秀传统文化以现代的躯体重生，耳濡目染，行以成之。

但是，我们不能够简单地把中华优秀传统文化教育看成是几门简单的课程，它首先应该是理想，是信念，是价值。在社会生活中也应该要普及发扬中华优秀传统文化的意识。教育不是孤立的，尤其是中华优秀传统文化教育，更是只有扎根于生活的土壤之中，才能真正获得新生，与此同时，能在生活中呈现的中华优秀传统文化教育，才能更深刻地影响教育的效果。

其实我知道英国很多的节日和学校活动，都和宗教有关。您是如何看待宗教的意义的？英国曾经是一个信仰基督教的国家，是否需要通过学校教育培养宗教意识与宗教情怀？

麦克法兰：

我少年时就读的龙校是一所正规的基督教学校，但它在宗教方面却相当宽松，特别是与其他一些预备学校相比。当然宗教的影响依然存在——在学校，我们会探讨听过的宗教训诫，回顾备受感动的"阵亡将士纪念日"活动。但是刻板常式、正统权威、仪式礼仪、非理性遵从这些宗教学校通常强调的要素都被刻意回避了。 相反，我们的学校甘愿冒着重重风险去追求自由、真诚、自主和真挚，也鼓励学生勇于对二手知识和经验提出质疑。 龙校这所宗教学校和其他的宗教学校所采取的宗教教育相比，对待宗教的这种态度反差至今都让我感到诧异。

很难厘清我对宗教的态度和信仰。 从大约十岁开始，每到假期，我就被送去参加南海岸的一些基督教男孩营，尽管如此，我的大部分时光还是会沉浸在《奇幻森林》《普克山的帕克》《相遇池》等各种童话故事构筑的想象世界里，徜徉于母亲自己创作的冒险故事里，这些故事后来被收录进她的《鸟神山的孩子们》和其他未出版的作品中。 在我看来这一切都比那些乏味的形式化的宗教活动都更有趣，更有意义。

对魔幻的热爱是我从小到大的兴趣所在，我所处的家庭和学校教育环境使我对魔幻诗歌和奇幻故事着迷，而非那些毫无魔幻色彩的基督教新教伦理。

中国有宗教学校吗？ 都教授哪些内容？

朱永新：

我们不像国外还有教会学校，允许掺进宗教教育。 现在我们除了像佛学院、藏传佛教寺庙所办的学校允许掺进宗教的内容以外，其他无论是政府办的公办学校还是民间团体办的民办学校，都不允许掺进宗教内容。

麦克法兰：

为了统一学生的思想和行为，中国学校会向学生施加多少压力？

朱永新：

中国好像还没有如您所讲的为了统一学生的思想和行为，要特别给学生施加压力。

在中国的学校，包括在中国的社会，虽然我们有自己的价值观，对意识形态有我们自己的标准，对行为规范也有我们自己的要求，所以当学生的言论、思想、行为这些与主流价值观的要求相背离的时候，会有一定的舆论压力和无形的压力，但是好像还没有用行政的压力去强制人们只能说什么、不能说什么。不仅如此，我觉得在这样一个高度开放的社会，你想这样做也做不到，因为学生通过互联网、通过各种媒体，可以去充分地表达他们的意见和感受。

不仅仅是现在的学生，古今中外所有的年轻人都有青春期和叛逆期，都有想表达想反抗的愿望。当他们的行为、思想受到一定限制的时候，也都可能会通过各种方法去表达他们的反抗和敌意。我觉得现在这种表达空间还是很大的，现在是一个相对开放的社会，他们可以通过微博、博客、微信、发帖等等去表达他们的想法，有时候可能署名，有时候不署名。包括我自己在网络上也经常会搜到一些这样的信息，而我们这些中国民主党派就是把民间的一些社情民意通过我们的管道充分反映上去，来帮助政府来了解情况，协助做出更好的决策。

一般来说，所谓学校给学生施加压力，是因为学生的思想言行明显的不符合法律、不符合未成年人的行为规范、不符合我们的社会主流价值观。学校可能会通过比如通报批评或者其他的方式，给学生一些惩诫，我想这也是正常的教育路径和方法。

记得你在书中说，剑桥的教育体系立足于两大思想源流，一是古希腊思想传统中鼓励人们提出问题和为老问题寻找新答案，二是中世纪英格兰法律传统中鼓励人们为寻求可信答案进行对抗性论辩。论辩，对于刺激新思想，对于寻求新答案具有重要的作用，其机制是什么？

麦克法兰：

争论，扰乱，试图智取你的对手是英国教育的核心部分。学习就像打网球或乒乓球一样——来回交流思想。要建立这样一个体系，就需要真正改变社会结构，我感觉这在中国、日本甚至法国、西班牙都是非常困难的。

在游戏或教学过程中，师生之间的地位差异必须最小化，但不能消除。如果老师总是被认为是高高在上的、永远正确的，不被挑战或质疑的，那么就没有真正的师生对话和值得学习的东西。

在教学中，师生之间要相互信任和尊重，相互之间要和蔼包容。教师不得利用自己的年龄和地位优势压制学生。学生不能太固执己见、僵化、无视老师的指导和权威。当然师生之间也需要某种等级区分，但尊重来自于对彼此论点的欣赏。

必须将一个人的观点与他们的个人地位区分开。在中国，这一点尤其困难，因为它强调"面子"或社会地位。如果一个学生在课堂、研讨会或在另一个学生面前让教授丢脸，这是老师很难接受的。在英国，几乎没有中国人"面子"的概念。人们能够接受批评，甚至被低年级学生、女性、低学历或低阶层的人证明是错的。在中国，实现这样的局面需要付出努力和时间，但拥有较强的幽默感会对这种情形有所帮助。 笑话往往能缓和挑战权威带来的尴尬。 输掉一场争论，就像输掉一场比赛一样，并不会损害到你作为一个人的尊严。

朱永新：

那您认为学校教育最重要的使命是什么？ 是培养人的品行，还是教给知识与技能？ 孰轻孰重，还是两者并重？

麦克法兰：

教育应该是一项富有探索性的工作，用来激发人们对未来充满想象，同时，也是一项为未知新世界培养年轻人的试验。学校教育把我们从年幼无知的"前现代"世界带到成人世界。在这个成人世界里，有两个系统同时运行，一个是倡导现代科学的物质的、理性和逻辑的世界，另一个则是强调非科学的、艺术的、融合的、家庭关系至上、充满神奇色彩的的平行世界。 这种平行世界同样也存在于社会生活中，一方面突出个人主义、剥削关系和资本主义，同时也包含信任、友谊、反资本主义和反个人主义的非理性因素。

学校教育在我看来分为三个阶段，在这三个阶段中，学生将经历分离和重新融入的过程。第一个分离过程发生在预备学校（小学）阶段。这一时期里，学生脱离自己的原有家庭，与完全陌生的人住在一起，实现从家庭到社会的转移。学生从他们的出生家庭进入到一个没有血缘关系、彼此是竞争对手的团体中。当他们升入中学时，就进入了一个更加封闭的世界，也是在那里，他们学会了人生的游戏规则。经历了五年的分离阶段后，他们又重新融入了世界，这种融入程度已跟之前大不相同。之后，学生们进入大学，在这一阶段，他们会重新融入更广泛的中上层社会，这是一个完全成人化的非家庭世界。

回到朱教授的问题，学校应该教什么？学校教育中的传统教学内容，比如语言、数学、词汇等需要记忆的课程，还有写作、阅读技能、历史、文学、地理、基础科学，所有这些都应该保留。但是，这些内容不应该占用学生 90% 甚至更多的精力，或许 50% 就够了，而另外 50% 要用来学习"人生"技能，包括全球意识、团队合作和体验不同生活的能力、创造力和调查技能、戏剧、游戏、艺术、音乐、电影等。

朱永新：

您刚提到您认为学生 50% 的精力应该用来学习团队合作和

体验不同生活的能力，这让我想到你曾经说过的，你的一生是一连串参加俱乐部和集体活动的体验和训练。 你认为这样的集体体验和团队训练在人的成长教育中是否特别重要？

麦克法兰：

我清楚地记得一位朋友，他是工程师，也是科学家。 这个朋友说过，科技进步和其他各领域进步已经从早期依靠单兵作战发展到如今需要团体协作才能实现。 19 世纪早期，一位天才或者一个发明家可以掌握个人研究领域（如化学、工程等）的全部知识和技能，进而取得突破性进展，但现在情况大不相同，需要多个相关领域人员组成的整个团队合作，才能取得进步。

团队合作一直广泛存在于很多职业领域中，如陆军、海军、工厂和大学。 如今，大多数智力密集型活动也在强调团队合作。 我越来越发现自己的项目亦是如此，从厄尔斯科恩历史项目到通过文化交流拉近中西方距离的康河计划，所有这些都需要小团体共同努力，才能取得个人无法实现的成果。 一个人再努力也无法完成一个小团队可以完成的任务。

因此，年轻人非常有必要学会在团队中与他人合作共同完成任务。 在我的第一所寄宿学校龙校，团体游戏教会了我们勇敢和团队合作。 还有很多操场游戏，特别是弹珠游戏、七巧板游戏和各种球类游戏教会了我们一些生活技能，如风险评估，不把赢输看得过重，以及遵守规则。 因此，学校里开设游戏、体育、音乐、艺术、探险、问题解决、头脑风暴、辩论和戏剧等各种兴趣小组，带来的价值是毋庸置疑的。 这些兴趣小组里教会的技能，正是我的母校重点强调的，也应该在小学教育里被继续发扬光大。

这种团队协作的教育在中国教育里有被关注吗？ 教师会怎样去引导？

朱永新：

确实，团队协作的能力是十分重要的。 中国也很重视团队协作的教育，但也充分凸显了其中的很多问题，例如，重集体、重团队，但很多时候忽略了个人。 在中国的学校，一直都很强调集体主义的作用、集体主义的精神。 这种集体主义精神强调的是团队的整体目标、集体的根本利益，强调牺牲个人来成全集体。 但是相对来说，对个人是忽略的。 当然，既然是集体主义就需要协作，所以中国有一种重视群体、重视协作的基本传统。

但是我们知道，最好的集体应该是一个充分协作的集体，最好的集体是能够发挥每个人个性、每个人力量的集体。 而我们强调整个集体时对个人比较淡漠，其实同时对个人之间的协作也会淡漠，所以整体来说，最后集体效益反而不高。 所以看起来重视了集体，但实际上可能并没有实现集体利益的最大化。 我觉得在中国传统的重视团队、重视集体的基础之上，如何在尊重个性自由的前提下，发挥个人作用、发挥协作的作用来重视合作，这一点是非常重要的。

在中国过去的环境下，强调集体是对的，也是中国教育的优点。 但是过于强调，就物极必反了。 我们过分地强调集体、团队的时候，实际上是把竞争的关系给掩盖了。 表面上淡化了竞争关系，但事实上，竞争就变成了私下的甚至是一些肮脏的交易，竞争就变成了一个私下的、隐藏着的一种竞争。 这样的一种竞争，实际上是不利于协作和合作的。 真正的协作反而会受到限制。

良好的竞争应该是建立在公开的前提下、确定竞争游戏规则的前提下的一种竞争。 所以我觉得在中国的传统里，还需要进一步把竞争与合作、个人与团队、共同进步与个人成长的关系辩证地建立起来。

刚刚麦克法兰先生提到辩论、表达、运用词汇这些能力不应该舍弃。 辩论是中国古代书院的传统，也是佛教教育的重要方法，但现在学校教育已经不太重视了。 看得出麦克法兰教授对辩论非常重视，你认为学校有必要多开展类似的活动吗？ 有什么好的办法?

麦克法兰:

　　学校非常鼓励我们锻炼口才,而积极参与辩论社团就是培养这方面能力的重要途径。同时,参加社团也给我们提供了洞察周围同学思想状况和学校社交环境的机会。

　　虽然我不记得自己参加过什么正式的辩论赛,但我确实经常参加辩论社团组织的常规性辩论活动。在这个过程中,我们学到了公共演讲、修辞和演讲的逻辑和技巧。自英国中世纪大学和法律行业建立以来,辩论一直是英国人生活中的重要组成部分。我的母校龙校致力于把我们培养成领袖人物,便把具备强有力的说服能力看作是一项基本技能。

　　不同年级学生参加辩论的动机不尽相同,随着学生年龄增长,他们的动机也会变得越来越复杂深刻。

　　有趣的是,很多人都参加过辩论。我印象中那些辩论都是学生自发组织的,且参加者主要是寄宿生,人数大约300左右。每次参加辩论的人数,从登记票数看,从31到115不等,常在50人到80人之间浮动。

　　中国的学校会训练学生的辩论能力吗?

朱永新：

我前面提到，在中国古代书院的传统里，口才是非常重要的，学生之间是经常相互辩论的。在我们中国的佛学院里，到目前依然有辩论课的传统。这种辩论是很机敏深刻的，甚至有的时候还有一些专门的辩论技术，能在短时间训练内提高学生的思维能力。

我们知道，像美国一样，很多国家都把表达能力、沟通能力作为学生基本能力的第一位。我们中国则比较多的是把基本知识、基本技能作为学生发展的第一位。这样一来，我们的学生就会存在不善于表达，不爱表达的相关问题。我们在和海外的人交流的时候，相对来说中国人也显得比较拘谨、不会提问，这个背后的原因往往就是我们的学生没有自信。因为要想说得精彩，实际上和他心理的自信，和他思想的流畅是有很大关系的。而这种能力是需要训练的。

但是，当代中国学校对学生的口才、辩才重视是不够的。因为中国传统文化里，主张多听少说，主张木讷少言。往往在我们的学校里，在我们的课堂上，很长一段时间都不允许学生插话，不允许学生过多讲话。

这种不太鼓励学生充分表达的文化，我觉得是不利于学生成长的。 因为辩才、口才的背后，实际上是思维的流淌、思维的表达，要说得好，首先要想得好。 我个人曾经在苏州大学担任过辩论队总教练，我曾经带领我的队员打败过中国最著名的大学，取得全国第二名成绩。 这些辩论队的孩子的成长和发展远远超出其他学生，现在在各个领域都非常卓越。 所以，有这种辩论表达的经历的孩子，对他们的人生都是很大的财富。 我们新教育实验这些年来，一直在努力做这些探索。 在我们新教育的"十大行动"里就有培养学生的卓越口才。 我们通过"课前十分钟""演讲大舞台""班级辩论赛"等各种各样的方式来培养学生的表达能力和辩论能力。

您在早期的学习中为自己未来的职业生涯做过相应的准备吗?

麦克法兰：

肯定地说，没有! 因为我学习是为了未来可以从事各种可能的职业，可以成为任何人——律师、艺术家、教师、士兵、政治家、商人、公务员、探险家等，而不是某一固定的职业。 所以我需要学习的是一般性技能，而不是成为儒家官员、佛教僧侣、伊斯兰神学家或法国公务员需要的特定技能。 我需要学习社会、心理、道德和身体各个方面的技能和实践所需的一切知识，这些技能和实践有助于我在一个开放和高度流动的世界中取得成功。

所以，我要接受多方面训练：例如学习如何通过欣赏艺术、音乐、诗歌、游戏来享受闲暇时光；如何通过写作、演讲以及表演、舞蹈和体育活动来学习有效沟通，以便给别人留下深刻印象并说服别人；我要学做一个正直的人，这样我不仅对自己感到自在，而且能赢得别人的信任；我还要学会负责任和行事沉稳，这样才能成为成熟稳重的成年人、父母、祖父母；我更要学会与各种背景的人相处融洽，发挥他们的长处；更重要的是不管是身处团队中还是独自一人，我都要有效地工作。

中国学校会帮助学生进入职场做哪些准备？ 这里所说的职业不包括行政类工作，主要指教师、医学和法律等类似的职业所需准备的一般商业活动。

朱永新：

我也认为学校并不仅仅是为了让学生适应职场而去准备的，但学校确实应该为学生适应今后的职场做良好的准备。

我们特别不赞成普教和职教相分离的做法。 学生对职业教育的认识本身是需要有一个过程的。 过早的定向教育会影响很多学生一生的选择。

我知道在欧洲，普职教育虽然是分离的，但是它的分离是把学生的特点置于能力之上的。 相对来说在美洲，特别是在美国，它是普职不分的，所有的学校都有职业教育的课程，让学生自己来选择自己来判断。 我也并不主张让学生过早的走入专业的职业教育路，因为学生的可塑性很大，变化性很大。 他到职业教育学校之后同样可以回到普通教育的学校里，也可以升入普通教育的大学。

现在的学校，尤其是中国的学校，过早地让学校分为普通教育和职业教育。 职业教育一般是初中以后才开始，初中之前基本上没有职业准备的相关教育。 初高中以后，职业学校就开始为学生的职业生涯进行相关教育，从事技能性的教学。 而普通高中是为升学做准备的，主要是针对高考进行一些教育。 所以在中国，目前最大的一个问题就是职业生涯教育明显不够。

基于这个考虑，我们新教育实验专门研发的新生命教育课程中，就把学生的职业能力作为一个最重要的要求。 除了解决学生的安全与健康、价值与信仰以外，我们特别注重学生职业能力的训练。 我们的学生职业能力训练包括两个方面，一个是学生基本的人生态度，良好的行为习惯。 包括交往的艺术，和人相处的艺术，包括理想、信念，都是从事职业生涯必须准备的东西。 另外一方面就是对各种职业本身的认知、熟悉和理解。 我们提出要让学校成为汇聚美好事物的中心，让学生去遭遇不同的美好，所以我们在生命教育课程中让学生从小学就开始体验各种各样的职业，了解各种各样职业的特点，了解自己个人的能力，以及自己个人的兴趣所在，也就是帮助学生能够逐步的找到自己，逐步的发现每个职业的特点。 所以，总体来说，虽然我们不是把职业教育作为所有学生的最后目标，但学生最后毕竟要走向社会，学校还是要为各位学生进入各种各样的职场做好帮助。

麦克法兰：

我发现现在许多中国父母把孩子送到西方留学，为什么中国越来越多的中产阶级家庭愿意送孩子到西方接受教育？

朱永新：

这是有些中层阶级家庭对中国教育不太满意之后，用脚投票的一个结果。

中国的中层阶级家庭很多都不希望自己的孩子加入中国高考的激烈竞争，不希望自己的孩子受那么多苦，去拼高考、拼分数，而希望自己的孩子能够接受一个相对良好的、温和的、自由的、舒展的、有个性的教育，因此他们选择了西方的教育。

还有相当一部分本身也是有着西方教育经验或者经历的父母，他们也希望自己的孩子能够到国外去学习，能够更轻松一点，给孩子一个快乐幸福的童年。

还有一部分没有把孩子送到西方去的中层阶级家庭，这些父母实际上和一些朋友自己办学，自己在家里教孩子，让孩子在家上学。

所以我认为，总的来说，这些实际上都从一个侧面反映了一部分人对我们当下教育的不满意，希望孩子接受更好的教育。

英国教育与美国教育、欧洲大陆的教育有着千丝万缕的联系，但是又有着许多重要的差别。麦克法兰教授如何看待这些联系与差别？如果中国学生要出国学习，您认为首选是哪里？

麦克法兰：

根据比利时作家埃米尔·卡默茨的说法，欧洲大陆教育和英式教育的主要区别在于欧洲大陆教育在家庭和学校之间有严格的划分，家庭是更广泛教育（社会、道德）的场所，而学校则是负责智力教育。在英格兰，尤其在寄宿学校，学校试图塑造一种特定类型的人。

在英格兰，教育使你成为绅士，把你塑造成精英群体的性格。而在欧洲大陆国家，教育不会改变你的社会地位，它完全是由你的家庭决定的。教育变成了一种技术活，帮助你获得合适职位所需要的技能。

正如我们所看到的，这种方式可以让儿童和青少年主宰自己的人生。正如埃米尔·卡默茨所说，"孩子们制订自己的计划，安排自己的游戏，制定自己的规则，享受自由，在英格兰很常见，但在欧洲大陆却很少见，反之，在英格兰也很难找到法国家庭那种热情洋溢且鼓舞人心的家庭氛围。"

据我所知，把大约 8 岁的小男孩（和女孩）从家里送到寄宿学校的做法是英格兰（和苏格兰）特有的。但在其他教育方面，英国的教育的目标显得非常不同，它的教育不是为了磨砺出一把剑，也不是为了建造只有一位船员的坚固的船。但欧洲大陆教育的目标却不是为了将个人从群体中分离出来，而是为了让他或她成为群体中更有用的一员，这与英国有很大的区别。大多数社会不是以契约为基础，而是以出生时的关系地位为基础，在这种基础下，人与人之间需要靠关系来维系（就像人是不可被分离的原子一样），因此，人不应该被训练成生活被严格划分成四象限的演员。

但在接受英国教育过程中，我却需要被分离出来，被塑造成一个独立的个体，脱离对人或机构过于强烈的依赖。我必须从一个家庭成员变成一个自由流动和无定形的"社会"成员。

我需要"自由"地在市场经济中进行交易，正如亚当·史密斯或卡尔·马克思所描述的那样；像马克思·韦伯所建议的那样，我坚守自己的意识形态和宗教信徒；像霍布斯和洛克所描述的那样，我是一个契约性的、自主的政治动物。

朱永新：

我觉得现在中国的大部分学生还没有太多的选择，因为没有足够的经费到国外去，能出国留学的一般是中产阶级以上的家庭。目前新教育的理念是面向中国所有孩子的，而不仅是针对那些要出国的。虽然我们这样的教育理想，吸取了西方好的教育理念，也相对开放、自由、以儿童为中心，但是和到西方国家留学仍然不一样。我认为在中小学阶段就选择到西方国家留学的学生，培养出来的就是一个西方人，而不是中国人了，因为一个国家的课程实际上渗透着该国的价值和文化。教育本身就是对文化选编的过程，教什么并不是随意的，不管是政府还是教育研究者都是这样考虑的，所以把孩子送到哪里去接受什么样的教育，他就会成为什么样的人，所以我不太主张我们的孩子过早出国。当然我知道您很早就在印度生活，后来父母又把您留在英国上寄宿学校，这样的多元文化背景自有其优势，但是要培养一个学生的本土文化根基，我觉得还是应该让他们在中小学阶段打下良好的基础。

英国的教育，不管是公立的还是私立的，就我所观察都有一个很重要的特点，那就是一般到了小孩 9 ~10 岁的时候，父母就非常有意识地要把这个小孩跟他的家人剥离开来，希望他成为一个独立的个体，这跟英国的个人主义很大的关系，也可能跟帝国主义（海外殖民）历史有关。但在中国，即便孩子已经上小学、中学，他仍然会跟父母家庭保持着非常紧密的联系。一旦小孩很小就去英国（国外），那他可能就割裂了跟父母之间的关系，到他回来的时候可能会没有太多对中国文化的认同感了，他们相当于变成一个外国人。在这样的情形下，他的父母肯定会想，自己的小孩怎么会变成这样？即使孩子先在中国接受大学教育，再到英国受了一年的教育，父母很多时候还是会觉得他的行事方式跟其他没有出国留学经历的中国孩子已经会不一样，经常会希望他再改回来。

麦克法兰：

在您看来，英美教育和欧洲大陆教育之间有哪些异同？

朱永新：

我对于英美教育和欧洲大陆教育之间的联系和区别，了解得不是很充分，因为在中国，我们一直把西方看成是一个整体，也就是通常关注的是东方和西方的教育到底有多大的区别。关于这一点我在《中华教育思想研究》这本书里面应该做过一些讨论。

就西方而言，西方的差别我认为从本质上来说，英美和欧洲大陆还是一个体系，是一个大语系。但从文化的角度来说，可能美国更崇尚自由主义的传统，更强调开放、自由、个性。而相对而言，欧洲有更悠久的历史文化传统，欧洲在教育上，可能更注重人文，更倾向于永恒主义。我觉得可能最大的差别就在于此。

我知道您在剑桥大学做一个名为"保护即将消失的世界"的项目，去抢救文化遗产，这都是跟你过去的兴趣和经历有关的。一个人最大的幸福就是能够做他喜欢的事情，能够从事自己选择的职业，但这在中国很难做到，因为大多数的中国父母都希望孩子考大学，考大学会有好的工作，将来有体面的生活，而要考上好大学就要有好的分数。对大部分中国父母和学生来说，"好大学"是一个最高的目标，往前推就是好的中学、好的小学，甚至要进好的幼儿园，所以中国有句话："不让孩子输在起跑线上。"在这样的社会环境中，教育只有一个目标，这个目标是父母人为给孩子制定的，学校也以此来衡量自身是否成功，这也是父母选择学校的标准。于是孩子失去了选择权，只能按父母给他指定的这个方向去走，孩子的兴趣也由此被剥夺。很多有艺术天分的孩子，父母也让他去考北大清华，他不能（没有充足的时间精力）做他感兴趣的事情。实际上我们很多人是不了解我们自己的，很多孩子根本不知道自己适合做什么，背后一个很重要的原因，就是我们没有给孩子选择的机会和权利，让他们发现自己喜欢什么。

学校本应是一个汇聚伟大事物的中心，让学生在学习和活动中不断寻找自己的兴趣，比如学校有乐团，我正好感兴趣参加了乐团，艺术天分可能就得到了发挥。但似乎现在我们只有一个目标，那就是分数。如果什么乐团、体育活动都没有，那么孩子也就没有机会去成长了。关注孩子兴趣，给孩子提供更人性的舞台，让孩子慢慢找到自己，这是非常重要的问题。很多中国人基本都是在结束职业生涯以后，才真正作出符合自己兴趣爱好的选择，但人不应该到退休以后才为自己而活。人的一生就应该为自己活一回，而教育就要增强人为自己而活的力量。

麦克法兰：

　　我知道中国学生承受了非常大的压力，现在似乎对中国孩子们来说，接受教育是他们取得成功的唯一途径和阶梯。 所以我的问题是，高考制度在中国有没有可能改变，或是中国大学的入学标准能不能改变？ 据我所知，北大已经做了相应的改变。 我从很多报告中了解到，英国学校有不同的入学标准，不仅要看分数，还要看学生有什么样的兴趣、爱好，比如音乐、出国旅游，或是担任过什么样的职位，所以分数高低与一个人是否成功是没有太大关系，我们还要参考其他标准。 中国开展教育改革后，如果大学在录取学生时也关注他们的兴趣爱好，比如喜欢的电影，有没有在中国旅游过等等，这也许会促使中国父母意识到，是不是该适当减轻孩子的学习压力，分配时间让他们去培养自己的兴趣爱好。 比如一般期末考试中50%到60%是关于学术内容，而另外40%则是考核音乐、手工等课外活动这种。 假如中国教育往这个方向发展的话，学生的压力自然会小很多。 所以我想知道中国教育有没可能发生这样的改变？

朱永新：

我们高考制度的改革正在进行，我们也一直在推动改革的进程。 我在全国人大和全国政协做常委时，每年都要给国家领导人和政府提很多建议和提案，其中高考制度是我们很关注的问题。 高考不改，教育难兴，所以高考改革是整个教育改革的关键，高考变了，中小学的教育就能变。 您刚刚分析得很对，我们需要改革高考。 过去中国的高考录取率很低，所以大家觉得高考是最公平的，只能用分数来衡量，只能用一张试卷来评判，没有其他更好的办法。 因为大家怕主观的东西多了以后，也就是中国人所说的"开后门"，就会导致教育机会的不公平，很多教育资源可能会被有权有钱的人占去，这样一来似乎除了统一的高考就没有其他更好的办法。 但现在我们提出，第一，可以把考试的自主权交给大学，现在大学录取有一个最低分数，叫分数线，像达到一本清华北大的分数线，你才能报名，而不是所有人都能报，不像美国英国的大学，只要 GRE 或是基本成绩等达标，你们都可以报。 中国的问题就在于分数线的门槛太高，所以解决办法也很简单，把门槛降低，把分数线降低，达到基本要求学生就可以报名，然后把选择的权利交给大学，每个大学就会逐渐形成自己的个性和特色——需要什么样的人才，需要什么样的个性，是特别看重领导的能力还是艺术才能，都让大学去决定。 其实大家都意识到必须这样做，在中国人们最关心的就是怎么避免公权私用和"开后门"，怎么样加强监督。 实际上美国英国也有开后门的现象，也有所谓的"哈佛自己人"，学校会对自己人特别照顾，还有一些企业家和有钱人，但这些都是个别现象，不是普遍的，因为有理想的大学还是要珍惜自己的面子和声誉的。 所以我们一直都在呼吁高考改革，现在高考制度已经松动了，也就是说，首先要拿出一部分的招生自主权给大学，实际上现在中国部分顶尖大学已经有了一定程度的"自主招生"，通过学校考核的学生高考后再报名这所大学可以加 20 分，但我觉得这个还太保守。 在这一点上，中国民国时期做得可能比现在还要好。 民国时期的大学能看到学生很多的特殊才能，比如，钱锺书考大学，数学是 15 分，但因为文学等方面的特殊才华照样被录取，但是在现在这样的情况是不可能发生的，所以我觉得要把自主权还给大学。

麦克法兰：

如果这么做会不会对农村不公平，农村地区的贫困会不会进一步拉大城乡教育的差距？

朱永新：

中国城乡差别确实很大，现在为了应对这种状况我们有一个政策，就是规定像清华北大这样的名牌大学，拿出一部分名额到农村去招生，所以农村的人才也是有机会进入最好的大学的。不管是农村还是城市的学生，都有自己的潜能和才华，农村的孩子可能外语不好，因为缺乏锻炼口语的环境，没有好的老师，所以发音不标准，基础也不扎实，艺术类学科还有其他的一些学科可能也不如城里的孩子，但这不妨碍很多有才华的农村孩子破土而出，通过社会教育或其他的方式突出出来，只要大学教育给他留一扇门，总有优秀的人能进来。所以中国应采取配合的方法，就是让大学招生时，照顾农村、西藏等偏远少数民族地区的弱势群体，这种方法在国外也有，对弱势人群的照顾是必须的。

麦克法兰：

刚刚说到中国学生承受很大的压力，是指在大多数中国学校里，学生的学习时间（包括课后补习）过长吗？

朱永新：

毫无疑问，中国大陆的绝大部分学生学习时间都过长。 上海学生参加世界 PISA 国际教育测试大赛时表现得非常优秀，他们的语文、数学、英语的成绩都非常棒，但这也在很大程度上是因为他们用大量学习时间换来的。

我知道国外学校学生的课程主要集中在上午，下午更多的是活动课程。 我们中国大陆学生在校学习的时间太长，不仅仅上午、下午的课排得很满，同时作业量也比较大，回家学习的时间也很长。 所以说学生学业负担比较重，比较辛苦比较累。我们的学生甚至说"起得最早的人是我，睡得最晚的人是我，最苦最累的人是我是我还是我"！

所以，我们仅仅有一个好的分数，仅仅在 PISA 国际教育测试大赛上有一个好的名次是不够的，同时要提高学生的学习效率，用最短的时间去获得最好的学习效果，这才是教育品质的一种体现。

麦克法兰：

确实。 人生的学习，分为很多种，只用分数来衡量孩子，太单一了。怎么让孩子们习得自主学习的能力，显得异常重要。

在您看来竞争型考试体系（高考）的优缺点是什么？

朱永新：

中国的考试体系总的来说是从中国古代的科举考试制度开始的。它的优点毫无疑问，是一种人才选拔型的考试，可以通过相对来说比较公平的、效率比较高的方式把人才选拔出来。所以中国的高考制度实际上也是这样一种制度的设计，对于激励学生的学习、对于选拔优秀的人才还是有其积极的意义。

缺点就是所谓的竞争性，把最优秀的人群像割韭菜一样割走了，大部分人就成了竞争中的失败者。我们都知道，这种竞争性的考试的标准就是分数和成绩，而从人才的成长、从多元人才来说，各人的长项是不同的。中国古代的科举考试制度还有文状元武状元之分，现在只有"文"，让学生展示才能多样性这方面明显不够。

另外就从竞争性本身而言，因为过分强调竞争，导致很多学生在竞争状态下心态发生变化，包括在学习中彼此之间的不合作、对抗。我听说有学生把对手的书、考试资料、复习笔记撕掉销毁这样的事，这当然是比较极端的案例，但这种对别人考得不好的幸灾乐祸、对自己考得好的自鸣得意，都是在竞争性考试和人才选拔制度下出现的问题。

所以我觉得，竞争性的人才选拔制度还是要进一步丰富和完善。首先不要用一个考试、一个标准去选拔人才，因为这样选拔的人才，面太狭窄。人才选拔的多样性和丰富性应该更好地体现出来。另外，因为现在这种竞争性的考试机会比较少，往往只有一次，建议更多地开放些，让学生选择更好的考试成绩作为最终成绩，让他们在更好的状态下有更好的成绩，这样相对来说会更公平些。一次性的考试偶然性因素更多，只有开放才能有更从容更开放的竞争。

在过去很多年，中国的教育制度都是强调记忆、学习、智力、写作，而且官方的宣传也是孩子必须通过考试，比如高考，这似乎是孩子成功的唯一方式。您觉得这存在什么问题？您有什么建议？

麦克法兰：

中国的教育确实是过于看重强调某些部分——将学生视为行走的图书馆，觉得他们应该掌握所有经典，然后反复针对有限的技能进行测试。这感觉更像是对公务员或官僚的教育，他们的工作需要有很强的服从意识，平时工作的很多问题也需要依靠过往经验做决定，但这不是现代社会需要的教育。 在现代社会中，人们需要掌握思考问题的通用技能。 现代的学生可能会从事各种不同类型的工作，所以他们需要的不仅仅是学习一般通用的技能，还需要学习各种社交技能，例如如何与他人合作，如何拥有自信，和发挥创造力，如何领导和被领导等。 因此，不管是在学校还是大学中花费大量时间来学习更广泛的技能，包括艺术，戏剧，音乐，体育和业余爱好，还是削弱考试的作用，都将是一个很大的进步。

朱永新：

你在《给莉莉的信》中说，孩子必须是一个不坏的科学家才能生存下去。 我知道，这是在讲述好奇心和求知欲对于人具有特别的意义。 但是，我们的一些父母和老师恰恰在做摧毁人的好奇心和求知欲的事情。 究竟如何才能呵护孩子的好奇心和求知欲呢？ 这是我们的教育一直在讨论和努力的方向。 英国的学校在这方面有什么好的措施吗？

麦克法兰：

英国学校有几种简单的方法来保护学生的好奇心和求知

欲。一是为学生设置开放式论文和研究项目。老师向学生提出问题，然后给他们提供可以解决问题的工具，包括推荐阅读书目、参观地点、互联网资源或者任何学生需要的帮助，最后给学生们留出充裕时间来提出一些原创想法。老师判定学生成功的标准不是对错或者总结已知的东西，而是能否给出具有独创性且与众不同的思考。

第二，孩子天生好奇心强，善于解决问题，但他们需要自己解决问题，并遵循自己的兴趣。而实现这一要求需要孩子们积极参加各种课外兴趣小组或团体。如果学校能给予学生时间，并提供设施，让他们参加艺术、手工、垂钓、收藏、音乐、科学俱乐部或其他活动，那么孩子们就会对周围世界产生好奇心和探索兴趣。当然，中国不少富裕家庭也会给孩子安排丰富多彩的课外活动，但我们应该鼓励所有的中国孩子去大胆追求他们的兴趣爱好。

面对正规教育的巨大压力，中国教育又是怎么保护孩子的好奇心和求知欲？

朱永新：

面临正规教育的巨大的压力，孩子们怎么保护好奇心和求知欲？您提到了一个非常关键的问题。

我记得你在讲剑桥大学的一本书里，专门讲到剑桥的一个非常重要的特征，就是它在很大程度上激发和保护了青年学子的好奇心和求知欲。

其实我认为好奇心和求知欲在一定程度上是与生俱来的。只要是一个正常的儿童，他来到这个世界，他总是充满着对这个世界的好奇、关注、探索。关键就是我们的教育应该怎样去呵护他。

我觉得，鼓励是第一位的。我们中国有的父母并不主张孩子去主动的探索，甚至有的时候对孩子提出问题都觉得很厌烦。当孩子问出一个问题，就是扭动了打开世界的一把钥匙。所以一方面要鼓励孩子提问，一方面要鼓励孩子主动去探索。同时把探索的一些有效工具教给孩子，像鼓励孩子阅读、鼓励孩子走进自然、鼓励孩子写作等等，都是帮助孩子去成长的非常好的路径。

关于正规教育如何做到这一点呢？我们知道体制内的正规教育，基本上是用统一的标准来要求学生，所以它并不是一个鼓励好奇心的教育体制。而如何保护孩子的好奇心和求知欲从根本上来说，必须要改变这样的一种大一统的教育方式。我们现在传统的教室里这种整齐划一的教学，需要调整，需要改进。如果只有唯一的一个答案，孩子就不会去寻找答案，他只要记住答案就够了。如果存在很多种答案的话，那他就会去探究，而我们鼓励他们自己去寻找答案的过程就是保护他的求知欲和好奇心的过程。

麦克法兰：

我一直认为好奇心是学者不可或缺的品质。 您显然是个很有好奇心的人。 是什么激发了您这一点?

朱永新：

有好奇心，才能不断进行学习。 当一个学者丧失了对世界的好奇，我相信也就丧失了学习的兴趣。 所以，好奇心确实是一个学者应具备的最基本的品质。

学习的能力，本身是在学习的过程中逐步培养起来的。 一个人对世界充满好奇就会不断地去学习，不断地向未知挑战，这样就能不断的去发展……

我觉得从我个人来说，好奇心一方面很大程度上得益于阅读的习惯。 阅读对于满足一个人的好奇心和求知欲望是非常重要的。 因为我们大部分的知识，大部分的生活体验都不可能完全靠自己去做，必须要通过阅读去了解更多自己没有经历过的知识，得到没有过的体验。 阅读是我们认识世界的一个非常重要的方法。

还有一个方面，我觉得其实就是责任心。当你承担了一项非常重要的事业，或者说承担了一个非常重要的职位，你要把这项工作做好，那你就得去关注、就得去琢磨、就得去研究。比如说像我做新教育实验，我带领这么大的一个有四五千所学校的团队，大家都在努力的往前行的时候，我怎么才能带领他们走得更好？我能不能用好的理论去引领他们？那我就需要了解全世界教育在做什么，我就要了解未来的教育可能发生什么，我就要了解当下的以及传统的最好的教育有些什么特征，我得不断地去进行学习、进行探索。

所以我觉得，一种良好的阅读习惯，一种责任心和使命感，是保持好奇心很重要的前提，而人的潜能也是这样被激发出来的。

记得你在书中说："人类天生具有创造潜能。但是，在许多学校，这种创造潜能受到了压制，无论中小学层面还是大学层面，也经常遇到创造性思维的绊脚石。有意思的是，学生们只要来到了剑桥，每一种创造潜能都会被激发出来。"请问究竟是什么魔力，能够让剑桥做到这一点？

麦克法兰：

我在《启蒙之所 智识之源——位剑桥教授看剑桥》一

书中尝试解释剑桥的这种"魔力"。这所大学的魔力首先体现在她美丽的校园环境——学校有很多地方可以供学生一起散步、见面、一起吃喝、祈祷或听音乐。此外，剑桥还拥有各种各样的图书馆和博物馆。这样的校园环境可以帮助学生减轻压力。

其次，剑桥的学术工作时间一周最多不超过四十个小时，其余时间都留给学生选择一些轻松的课程安排来陶冶心灵、参加社交和放松身心。这种教学安排允许和鼓励学生找到适合自己的学习方式。教师提供建议和监督，但不会给学生强行灌输太多事实或信息。这种教学理念把学生当作独立个体对待，鼓励学生相信自己，相信自己拥有和老师一样的潜能，只不过更年轻，缺少一些阅历。学生在这样的教学环境中会获得一种友好安全的归属感。建立这种魔力需要时间，而且需要从小学开始。中国幼儿园甚至是好的小学并不缺乏这种魔力，但一到中学，面临高考的压力就会将这种魔力彻底消除。正如爱因斯坦所说，很多人想知道教育的真正意义如何在学校教育中得以幸存。当然，教育的范畴远远超出正规的学校教育。

朱永新：

教育的真髓，是综合多种技术，正规的、半正规的、非正规的，去帮助人们发现自己。 它是一种不息的滋养，是脑与心、灵与肉的锻冶。 我非常欣赏你对于教育的理解。 但您说的正规的、半正规的、非正规的技术，是指哪些?

麦克法兰：

正规的教学技术是指教师在正式场合与学生直接互动。 在剑桥，有三种主要形式，即讲座（通常一周平均两次讲座，每次一小时）、小型座谈会（每周一到两次座谈会，每次参加学生一般不超过 15 名，他们在座谈会上准备和提交论文）和学生-导师一对一或一位学生——两位导师见面会（一般是一周八至十小时）。 所有这些方法既适用于本科生又适用硕士生，但对博士生而言，主要是至少每月一次的导师见面会，每次大约一小时，导师会评阅学生的论文初稿。

半正规的教学技术是指在相对轻松的环境中，比如酒会、饭局、游戏或运动场、或者通过一起散步、聊天与学生接触。 这种形式对硕士和博士生尤为重要。

非正规教学技术是指学生之间的互动。 同学之间一起生活、吃饭、玩耍、沟通交流是这种教育的重要组成部分。 我采访的许多学生都说，随着他们理解能力的增强和知识储备的增加，他们变得更加成熟，这种学生间的互动正是他们学生时代的突出亮点。 这种非正式的学习正是通过学院制这种模式得以实现，学院制为学生提供了积极接触的空间，相关内容我在解读剑桥大学的《启蒙之所 智识之源——一位剑桥教授看剑桥》一书中描述过。

第二辑
童年与阅读

　　阅读的高度决定了精神的高度，把有限的时间用来读最好的书，毫无疑问是最值得做的事情。 对于孩子来讲，开启阅读兴趣，培养阅读能力至关重要！ 当一个孩子爱上阅读后，就像是人生打开了一扇窗户，他能从书本中看到一个更广阔精彩的世界。

麦克法兰：

朱教授是在什么样的教育背景下成长起来的?

朱永新：

我的教育背景相对来说比较简单。 我生于 1958 年，在中国江苏苏北农村的一个小镇上，上的是乡镇的一个中心小学，也没有进过幼儿园。 小学不久就是"文革"，一直到中学。 所以我的整个求学过程一直是在"文革"时期。

比较幸运的是，我们乡村学校有一批比较好的老师。 这一批有良知的来自全国各地的优秀的教师，无论是对知识的掌握，还是对求知的热情，抑或是对学生的热爱，都带给我们很多感动。

那时虽然知识相对来说不受重视，但基本的教学活动还没有完全中断，也没有像现在这样应试的压力，更没有各式各样的竞争。 同时因为强调和社会实践相结合，所以我们经常到农村去干农活，也经常去学一些技术，像驾驶手扶拖拉机等等一些工作，因此我们动手的能力得到了很好的培养。

那时没有什么书籍，学校也没有什么图书馆，也几乎很少看到像样的课外书，对我来说，唯一的读书渠道是家里：因为我家住在一个单位的小招待所里，我母亲在招待所工作，南来北往的客人会经常带一些书来，我就会跟他们借着看。客人经常是今天住完明天就要走的，我必须在一天晚上看完，所以我借了很多人的书看，也养成了看书比较快的阅读习惯，就这样读了一些书。

粉碎"四人帮"以后，我是77届、中国恢复高考后的第一届大学生。能进到大学读书，相对来说还是比较幸运。我进的大学当时叫江苏师范学院，也就是现在的苏州大学。

我最早学的是政史教育专业，就是政治和历史合二为一的一个专业。后来这个专业又分开为两个，我选择的是政治教育专业。读了两年半以后，因为学校缺少心理学和教育学的老师，我通过竞选成为留校的教师，被送到上海进修。所以我在大学三年级的时候，就到了上海师范大学去学习教育心理学。当时我们作为一个专门的研究班，是当时的江苏师范学院、上海师范大学、扬州师范学院各选送一批学生，在这个班里接受了比较专业系统的完整教育。老师们都有着比较好的教育素养，促进了我对教育的高度热爱和思考。

我对教育的兴趣是在苏州大学形成的。在苏州大学期间，我觉得今后的使命就是做个中学老师，为此读了大量的心理学教育学著作。我差不多把苏州大学能够找到的教育学著作都读了一遍，当时的江苏师范学院能够选我到上海去学习，和我当时阅读的经历有很大的关系。 在平时的学习中，我的考试成绩不是最棒的，但我在教育上的阅读量可能还是比较多的。 到上海以后，因为有像陈科美、李伯黍、燕国材、陈桂生、吴福元等一大批最优秀的心理学家和教育学家担任我们的老师，同时也受过比较严格的统计学、生理学、甚至是高等数学这样一些正规学科训练，所以让我对整个教育心理学产生了非常浓厚的兴趣，也把研究心理学教育学视为我自己终身努力的方向。

人的经历对他的思想会产生一定的影响，我的这个经历对我的教育思想也有一定的影响。 总体来说，因为我个人的学习成长经历，让我对中国的教育有着很大的感触。 我觉得让学生在相对自由生长的状态下成长，有大量自主的时间去阅读、去实践，可能会更好。 同时我小学、中学到大学阅读的经历，让我能够感受到，其实学校既是一个给大家提供阅读、思考、实践的场所，也是一个能提供师生之间相互沟通、相互交往的场所。 这样的场所、这样的一群人，会对个人的学习产生很大的影响。 尤其是阅读，在人的成长过程中更是发挥着非常重要的作用。

麦克法兰：

就您个人的成长经历来说，您觉得中国教育的长处和不足之处体现在哪里？

朱永新：

　　长处或许在于比较注重基本的训练。虽然当时我们在"文革"期间，但是我们的小学老师也好，中学老师也好，在教育方面的训练还是中规中矩的，对学生要求也比较严格。同时我觉得，特别是在过去的中国，有那么一群优秀的教师下到基层，下到乡村的学校，特别是到小镇上，这对整个中国教育的发展起了很大的作用。如果说不足的话，或许是现在中国好的教师下不到乡村了，而且乡村的好教师不断地往城里走。教师受到的诱惑也越来越多，这个对乡村教育的影响还是非常大。因为教育最大的问题还是教师，好教师就是好教育的最基本的一个前提。我觉得这一点我的感触还是比较深的。另外，相对来说中国教育对阅读的重视还是不够。因为无论是小学、初中、高中乃至大学，基本上都没有一个引导学生去阅读的系统训练。我爱上阅读，出于一个非常偶然的原因，是我自己偶然的一个遭遇，和乡村其他人的相比，是因为我能够见到南来北往的客人，借阅他们的书，所以让我能够多读到一些书。但现在的学校教育体制在阅读这一方面，关注度并不够。

麦克法兰：

就您的个人经历，您如何看待 1949—1978 年间的中国教育？

朱永新：

应该说，从 1949 年到现在以及改革开放 40 多年期间，中国的教育取得了较大的成就，也存在比较大的失误。

最重要的成就首先是建立的教育制度让广大劳动人民有了受教育的权利。在 1949 年以前，绝大多数人还不能接受教育，特别是底层劳动人民。1949 年以前有 80% 的文盲，到了 1970 年代末降到 20%。1949 年小学毕业占 25%，1978 年达到 90%。大部分城市普及了基础教育，这发挥了很大的作用。这 30 年，我们的教育为了中国的经济发展、社会发展培养了很多人才。从 1949 年到 1988 年这 40 年间培养的人才，是 1912 年到 1949 年这 36 年间培养人才的 49.1 倍，约 2000 万人。

另外这 40 年中对整个中国教育的结构和布局所做的调整，相对也比较合理。中等教育结构从比较单一变得比较全面：

1949 年技术学校只有 3 所，在校人数 2000 人，综合教育学校 561 所，在校生有 7.7 万人；1988 年技工学校 3996 所，在校生 116 万，综合教育学校 2957 所，在校人数 136 万，单从数字和比例来说，教育结构就发生了很大的变化。高等教育的规模也逐渐变大。无论是教育本身的发展，还是教育对整个社会发展的促进，都多层面多渠道的有了很大的发展，可以说这 40 年中国教育还是取得了比较大的成绩。

这 40 年教育整体的变化，为中国经济社会的发展提供了必要的支撑，但是存在的问题也比较多。主要是表现在以下几个方面。

一个是教育思想还是经常左右摇摆，教育功能相对狭窄化。教育的功能如政治功能、经济功能、培养人才的功能等等，相对来说经常出现矛盾和对立的状态。比如说过分强调教育的政治功能，强调以阶级斗争为纲。整个教育就比较好地实现了培养红色接班人、培养劳动者的功能，而从培养人才、培养合格的社会公民的层面就实现得不够。总而言之，这段时间因为教育思想、教育方向还不太明朗，过分强调教育的政治性，教育对社会、经济的发展以及对人自身发展的意义还不够重视。

二是这段期间国家在教育的投入上是不够的，教育经费的不足，也导致教育事业的发展规模还不够理想，特别是导致农村教育的发展受到了相当程度的限制。我们一度过分强调人民教育人民办，因陋就简，而忽略了政府对教育的投入，所以学校的办学条件相对来说比较简陋，人才培养受到影响。 进入八十年代后，希望工程曾经想发动社会的力量来解决办学的经费的短缺问题，但那并不能成为长期和主要的力量支撑。 虽然这些年我们培养了一些人才，但整个劳动力的素质还是不够的。1980 年我们统计生育人口里面，大专以上人数只占百分之0.6%，低于很多发达国家，也低于发展中国家水平。 比如同时期的巴西 1%、南斯拉夫 2.3%、前苏联是 4.5%、日本 6.4%、加拿大 12%、美国 14.9%，我们与他们的差距都比较大。 那时我们的大中型企业里面大专程度只占 5%，80% 以上的职工只是初中文化水平。

第三个问题是教师作为教育的主体，社会地位还没有根本建立起来。 教师的尊严和知识的尊严在很长一段时间没有得到重视，这是一个比较大的问题。 后来改革开放恢复高考以来，重新建立起对知识的重视，对教师尊严的重视，也是对这三十年教育的反思的结果。 这样一个特殊和发展的中国，成就了一大批人，也让人看到了很多问题。 我就是这样一个时期成长起来的人。

人们都说，童年是人一生的奠基，我也很好奇，是什么样的童年经历和学习经历，让麦克法兰先生成为了现在的自己？

麦克法兰:

印度的阿萨姆邦是我的出生地,5岁前一直生活在印度,后被送回英国。六岁时,父母把我一个人留在英格兰。八岁时,我入读寄宿学校。寄宿学校是英国教育的一大特色,小学生被送到那里学习和生活一段时间,期间没有父母陪伴。我被送到寄宿学校有几方面原因。首先,这是一种英国中产阶级的传统——很久之前我的祖先从牙买加、印度或缅甸被送回故乡英国读书,一直到我的父母,这个传统在我的家族里已经延续了很多代。当孩子们回到英国接受教育时,必须有人照顾他们。为了减轻已退休的祖父母或阿姨的负担,孩子们需要被送去寄宿。

其次,大家认为寄宿生活会培养孩子的一些优秀品质——自信、坚强、有韧性、团队精神,也会教授孩子们礼仪、中产阶级的举止和语言方式,以及其他基本的学术技能,以便他们习得作为一个英国绅士应该具有的文化和身份认同。

此外,人们还认为家庭生活的放纵会宠坏孩子。他们需要由不相干的陌生人来约束,包括学校里的老师和其他的小孩子都可以帮助他们接受约束,磨炼他们的坚强意志。

但另一方面,我和我的父母都必须承受孤独之痛,忍受聚散离别之苦。 我母亲在我小学阶段缺席了近两年时光，我的父亲缺席更久，因此，我和他们一起生活的时光更显得弥足珍贵。 幸运的是，祖父母一直对我照顾有加，而且母亲不在身边时也会每周来信，这些美妙的书信文字，让我从未怀疑过母亲对我的爱。

朱永新：

在印度度过的 5 年，对您后来的人生有影响吗？

麦克法兰：

虽然我对印度的五年童年时光记忆模糊了，我却常常会想起那个完全不一样的世界。 母亲从阿萨姆邦寄来的书信让我的童年记忆历历在目。 11 岁生日时，当我再次回到阿萨姆时，对那里的记忆一下子变得鲜活深刻起来。 印度独立后，我的父母继续在那里待了将近 20 年，这意味着我的整个童年，甚至直到完成在牛津大学的六年学业，我都身处东西方两个平行世界里。 家里随处可见祖父母早年从印度和缅甸带回来的手工艺品，这些纪念品也不断提醒着我另一个世界的存在。 这一切都激发了我的想象力，让我的头脑中保留着印度和英国之间无形的联系。 拿到大学历史学位后，我选择成为人类学家，并迫切希望回到阿萨姆邦开启寻根之旅。 在我的脑海里，阿萨姆邦是一个充满异国情调，拥有各种各样动物的世界。 所有这些将我在印度的童年时光和我后来访问阿萨姆邦联系在一起。 很多年后，我还作为人类学家多次访问过印度和尼泊尔。 可以说，印度的童年时光，在我后来的人生中产生了奇妙的连锁影响，寄宿学校教育也一样。 中国寄宿制学校教育占比大吗？ 您怎么看寄宿制学校教育？

朱永新：

寄宿制学校的教育很难用是好还是坏来评价，我认为利弊并存吧。

对于中小学生，特别是对于小学生来说，我不主张过多地上寄宿制的学校。 因为孩子是需要亲子之间的交流和交往的，家庭本身也是一个重要的学习场所。 每天跟父母们在一起，父母不仅仅在生活上可以照料他们，实际上在人格养成上、在思想方法上、在行为示范上、在情感交流上，都具有非常重要的不可替代的作用。 我认为在儿童成长最关键的时期，家庭是不可或缺的。 所以总体上来说，在基础教育阶段，尤其是小学、幼儿阶段，我不主张过多地上寄宿制的学校。

但这并不是说寄宿制的学校没有优点。在家庭中很多问题，比如整理房间，安排自己的生活等事情，可能都由父母代办了。但在寄宿制的学校里，孩子们的很多问题都必须由他们自己来处理，比如要合理安排自己的作息时间等，这样更容易培养自己独立处理问题的能力，形成独立的精神。另外，在寄宿制学校，孩子可以更多地跟其他的小朋友在一起合作，这也有利于养成团队精神，提高人际交往的能力。在寄宿制学校，因为有更多时间与同学相处，有一批最好的伙伴，这些伙伴有可能成为一个人终身的朋友，甚至是终身的人力资源。

所以，寄宿制学校有它存在的价值和理由。特别是在中国乡村、山区的学校，现在我们很多学生可能每天要走几个小时的路去上学，那肯定不利于学生的身体发育和成长，这样的环境当然需要寄宿制的学校。

所以，寄宿制学校总体来说不能一概而论是好是坏，而是要根据学生的实际情况，根据当地的经济社会发展的情况来适当安排。当然，即使在寄宿制学校，我们还是主张父母亲要尽可能多地跟学生去沟通，特别是礼拜六礼拜天以及节假日，应该把学生接回家跟父母在一起。

麦克法兰：

我很赞同您的观点。寄宿学校是好是坏，很难给出一个笼统答案。在我看来，寄宿学校教育质量的好坏主要取决于两个方面：学校的教学质量和学生的天性。

就我个人而言，寄宿学校教育的时光总体来说是很好的经历。从八到十三岁，我都在牛津大学附属的龙校上学，它是一所公立预备学校。之后，从十三到十八岁我就读于约克郡的塞德伯格学校。在这两所学校学习的第一年我都不太开心，但后来逐渐喜欢上那里的学校生活。我遇到了很棒的老师，也没有遭遇过校园欺凌。在学校还汲取了大量知识，这些知识不仅仅限于学术和文化课，还包括如何拥有充实、全面、富有创造性的社会生活等各个方面，此外，我还懂得了何为友谊、合作和信任。可以说我从寄宿教育中受益良多。

当然，寄宿学校可能也伤害了一些人。比如一些男孩讨厌寄宿生活，他们在寄宿学校过得很不快乐。所以在把孩子送去寄宿学校之前，我认为家长必须对孩子的情况进行评估以减少给孩子带来的伤害。龙校和赛德伯格学校都是比较知名的学校——些名气小的寄宿学校，比如乔治·奥威尔在他的文章《那些日子》中描述的学校，就出现了糟糕状况。

如今，寄宿学校给孩子带来的影响，不论是好是坏，都不再那么极端，因为学校并非全封闭式的环境，现在的孩子可以通过打电话或者参加校外的活动等多种方式更方便地与外界联系，所以现在的寄宿生活与以前已大不相同。我之前写的两本书中描述过我的寄宿生活，现在已经在网上发表——*Becoming a Dragon* 和 *Sedbergh Schooldays*。这也是现今比较少的记录小孩子就读英式寄宿学校的书（书中内容主要基于当时的原始文件，我的文章、日记、信件等）。

朱永新：

我知道在一些寄宿学校可能存在体罚现象，有些孩子的童年中也不乏被体罚的经历。您有这样的经历吗？

麦克法兰：

英国寄宿学校高度重视学生的体能训练和体育运动，在个别情况下，也允许对学生实施体罚。

关于英国寄宿学校使用"大棒还是胡萝卜"的讨论持续不断，尤其是要不要体罚学生的话题更是引发热议。我的母校龙校似乎更强调正向激励：给学生颁发奖品、给予表扬、或者表达认可和敬意。 我不记得自己有被殴打，或遭遇其他体罚，比如被老师揪头发，拿橡胶板打，或者直接拳打脚踢。

当然在英国的一些寄宿学校棍棒的使用也存在，还有一些替代品——比如拖鞋、运动鞋、长尺、球拍。 根据一些寄宿学校学生的回忆，很多回忆最生动的记忆来自第二次世界大战前上预备学校的男孩，他们在学校遭受羞辱和惨痛殴打。 他们确信这种校园殴打至少到 70 年代都还存在。

我记得我对时任龙校校长在对学生家长的一次讲话中对殴打问题的看法印象深刻。"我相信男孩们在来这里之前已被告知，恐怖的事情正在学校里等着他们。 好吧，我能说的是，我给学校里 36 个最优秀的男生布置了一篇论文，主题就是探讨体罚，他们一致表示赞成体罚，认为这比关禁闭或其他惩罚训练要好得多。 或许这些论文也从侧面证明了学校的体罚并不如想象中那样可怕！"

他接下来说的话更有意思。"我不赞成对犯了严重大错的孩子进行体罚。 这种情况需要区别对待，或许唤起孩子内心的善才是最终目的，但纠正一个孩子健忘、粗心和屡次疏忽大意这样的小毛病，体罚或许是最简单、最无害和最有效的方法。"

公平地说，体罚学生的并不仅限于校长。 有几位男老师也被报道出来是虐待狂，他们非常残暴地殴打了几位写信给我的人。 关于体罚这个话题，我能补充的就是，我确实不记得自己在学校里有被打过。朱教授认为学校应不应该体罚学生?

朱永新:

我是不主张学校体罚学生的。我曾经有一组文章，叫"朱永新教育定律"，其中讲过"体罚就是无能"。

首先从《联合国儿童权利公约》来说，体罚是对儿童人身权利的一种侵犯，是对儿童个性的一种凌辱。所以我不主张。

其次呢，体罚本身的效果也是值得怀疑的。因为，很多人都认为体罚可以制止一些不良的行为，或者说，制止一些不良行为再次发生。事实上，体罚从本质上来说，它是起不到作用的。体罚从表面上看，伤害的是孩子的肉体，其实伤害的是孩子的心灵。体罚对孩子心理上造成的阴影非常巨大，它还会让孩子崇拜武力，崇拜强权。所以，当孩子一旦自身有了这种武力、这种强权的时候，他也会再用这样暴力的方式对待比他更弱的人。而且体罚还会造成孩子为了逃避惩罚而说谎等行为。

我一直说，体罚往往是教师或者父母在黔驴技穷的情况下，被迫无奈做出的最后一个选择。对于每个孩子都可以找到走近他心灵的办法。所以在教育上，我是不太主张体罚的。

当然，体罚不同于惩罚。虽然我不赞成体罚，但不等于我不赞成惩罚。教育通常也离不开惩罚。只是这种惩罚不是在身体意义上的惩罚，而是在学生违反规定，违反契约，违反教师的基本要求的时候，在尊重学生人格的前提下，采取一些必要的惩罚。批评是一种惩罚，还有提醒、劝阻、禁止一些学生喜欢的行为等等，这些都属于惩罚的方式。所以，我觉得不用体罚不等于不能进行惩罚。

麦克法兰：

我知道很多的体罚都发生在孩子年龄比较小的阶段，可以说童年占了很大一部分。你怎么看待童年对人生的重要影响？

朱永新：

我认为一个人童年生活是否幸福将影响到他的一生，因为童年的经历和遭遇常常在一个人的成长中扮演决定性的角色。意大利儿童教育家蒙台梭利说，"所有人都关注儿童的未来，但是恰恰没有人关心儿童的现在。""成年人的幸福是与他在儿童时期所过的生活紧密相连的。"几乎所有有真知灼见的伟大学者都洞见到，成年人的幸福和他童年时期是不是幸福有着非常密切的关系。

而且童年是人生摄取最多的阶段。托尔斯泰就认为，"儿童自出生到 5 岁这段时期，在他的智慧、情感、意识和性格等方面，从周围世界中所摄取的，要比他从 5 岁到一生终了所摄取的多许多倍"。可想而知，童年对于一个人的影响有多深远。

但现在我们经常做的是打着为儿童未来的幸福旗号牺牲儿童当下的幸福。我们知道过去、现在和未来是一条长河，对儿童当下的关注就是对儿童一生的关注。我们的教育不能只是关注当下的短期利益，而更要考虑孩子的长期发展。现在心理科学研究已经发现，一个成年人身上几乎所有的问题差不多都可以从他童年生活中找到答案，都可以从他童年的生活经历中去寻到源头。所以我认为童年对一个人的一生来说的确非常重要，如果孩子的童年得到重视和保护，那成年后的很多问题都可以被解决。

麦克法兰：

我很认同您的观点，因为我对童年经历带给一个人的影响也深有感触。英国诗人威廉·华兹华斯写过一首长诗《序曲》，讲述了他的童年生活（生活在 Esthwaite Dale 湖区山谷，这也是我长大的地方）如何塑造了他的整个人生。他用七个字作了概括：儿童是成人之父。对此我深表认同。目前我已经写了十卷关于自己童年、青春期和成年早期的书，记录了从我出生到三十岁的时光。其中大约有四千页是根据当时保存的文件——书信、学校报告、上学期间发表的文章、日记、照片等写成的——从这些记录中，我可以看清自己早期的一步步成长变化。分析了这几箱文件之后，我发现，自己现在的样子在八岁左右就基本呈现出来了——我的性格、兴趣、智力大概在十二岁时就基本形成了。我想，大概每个人都是这样。

您认为什么样的童年对一个人的成长是有利的呢？

朱永新：

明代哲学家李贽提出"童心说"，认为儿童的天真、率性是最宝贵的。只有充分享受了天真乐趣的儿童才能有最健全的心性、完善的人格和发达的思维。现在很多父母在孩子很小的时候就为他们设想了未来、安排各式各样的课程，这并不是妥当的。这样反而会扼杀孩子对学习的渴望，埋没他们的潜能，一个快乐自由的童年才是最重要的。

我想我们应该把童年和童心还给孩子。之前提到过，我对阅读的喜爱和阅读能力以及习惯都是在儿童时期培养起来的。正是因为我小时候可以接触到各种各样的书并需要快速读完，这才养成我爱读书的习惯。这几年阅读率持续走低，整个社会也离阅读越来越远，这个问题的背后是教育尤其是中小学教育的问题。学校的应试教育风气甚嚣尘上，真正的阅读就被排挤了。孩子们都没有真正享受过阅读的乐趣，也没有时间去阅读他们喜欢的书，他们的潜能和天赋都被过早地压榨了，我认为在儿童时期培养孩子的阅读习惯是十分重要的。

我非常欣喜地看到，许多推广儿童阅读的人和机构，也正在努力地为孩子们选好书、读好书。我希望，中国的作家能够为孩子们创作出更多的好书，中国的出版社能够为孩子们出版更多的好书，中国的阅读推广人能够以更专业更亲切的方式帮助孩子们读好书，中国的父母、教师能够拿出更多的时间与孩子们一起读书。

麦克法兰：

英国教育也一直非常重视阅读，阅读是三 R 之一：阅读、写作和算术（Reading wRiting and aRithmetic），这恰恰反映了古登堡印刷机时代看重纸质印刷品的时代特征，这一时代在过去 20 年进入尾声。英国的阅读教育不仅是为了教会大家如何获取信息，更重要的是激发想象力，鼓励人们通过阅读小说、诗歌、传记和历史书籍去探索世界。所以阅读会一直发挥重要作用，阅读教育也应继续发扬光大。 英国学校要求学生保证一定的阅读时间。 但如今大多数人获取大部分信息的主要方式，都来自于"阅读"电影、电视、网络等图片信息。 教育学家还没有跟上这一趋势。 对于"如何阅读一部电影"的关注还远远不够。(注:《怎样看电影》是詹姆斯·莫纳科的一本经典著作，该书阐述了电影分析的基本原理。)当前缺乏对多媒体"阅读"的适当指导，这也意味着未来人们在阅读图片时会缺少辨别能力。 这种指导在中小学和大学都非常欠缺。 我认为，至少四分之一的阅读教学应该用于教授学生如何阅读图像。 为了取得更有效的结果，正如阅读写作要结合一样，学生还需要学会如何用图像"写作"，即学会拍摄、编辑和上传电影。 阅读的价值显而易见，否则我怎能体会到阅读《消失的战线》或《罗宾汉》的乐趣呢？ 阅读是值得付出努力的，因此在我就读第二所寄宿学校塞德伯中学的时候，我在阅读相关学科，如英语和历史上，也都下了功夫。 学校为了鼓励我们对诗歌的热爱，并提高口语表达能力，要求我们每周都要准备一篇诗歌或散文，而且还要背诵下来参加比赛。

朱永新：

但是儿童对阅读的兴趣到底是怎么形成的，父母要怎么点燃孩子阅读的兴趣？ 您也讲到，英国家庭特别重视晚上睡觉前的时光，父母给孩子讲故事。 除此之外还有什么好的办法，能够通过父母的努力让孩子真正喜欢读书。 我知道您特别爱阅读，从您自己的家庭教育来说，能否跟大家介绍一下？

麦克法兰：

正如我之前所讲，孩子以父母为榜样。 也就是说如果父母不喜欢阅读、没有阅读的习惯，那么孩子自然也不喜欢看书。 所以我觉得父母首先要有阅读的习惯，孩子才会模仿他们，去读书。 我建议不仅在孩子小的时候读给他们听，还要每天或每周父母和孩子一同看书。 如果他们能看同一本书，看完之后能讨论一下，那就再好不过了，共同阅读对于增进父母与孩子的关系也十分有好处。 英国的孩子在学校会大量阅读，这是学校教育的传统，但在学校读书跟在家庭氛围中阅读是非常不同的体验，所以如果家长对孩子在学校读的书表现出兴趣，并鼓励孩子扩展阅读，最后再一起讨论阅读心得，这会是非常棒的事。

朱永新：

我想具体再问一个有关阅读的问题。 读书首先面临的问题其实是读什么。 儿童到底应该怎么选择图书？ 要不要给孩子推荐书？ 在英国给孩子推荐书的工作是谁在做？ 因为从我的经验来看，如果让孩子们自发的去读书，孩子们选择的书可能并不是最好的书。 孩子的时间也很有限，如何在有限的时间内去和书相遇？ 这是一个很值得关注的问题。 在英国，父母、学校、社会，孩子们读书的选择是不是很重要？ 另外我想了解，在英国的普通家庭，藏书量和读书量大概是什么水平？

麦克法兰：

我不太清楚英国家长具体如何给孩子选书，我想，一方面孩子会有自己喜欢的书，还有父母和朋友也会在圣诞节或者生日的时候送书作为礼物。 另外，一些中产阶级家庭阅读的报纸上也会推荐适合儿童阅读的好书。 当然，在网上也很容易就搜索到这类信息，会有适合不同年龄段孩子阅读的 100 本书单或50 本好书这类文章。

在英国，我们有很多非常棒的童书，有些是世界上最棒的，这些经典永远都不会过时，比如《哈利·波特》。很多经典童书是我们父母小时候就喜欢读的，他们又把这些好书推荐给我们。有大概三四十本书是我小时候看过的，又极力推荐给我的孩子看，而这些书正是当年母亲曾力荐给我的。可以说经典好书代代相传，时间帮我们检验了一切。我们拥有杰出的童书作家、经典的童话故事，所以给孩子挑选好书并不难，因为经典永不过时。

朱永新：

您少年时代是怎么培养起读书的爱好的？您是怎样阅读的？

麦克法兰：

我用那些对我影响最大的一些书籍和作家的简短描述来回答您的这个问题。

我认为一些经典的英语儿童故事对我的想象力产生了重大影响，至今仍深深影响着我。其中包括鲁德亚德·吉卜林的

《丛林之书》，刘易斯·卡罗尔的《爱丽丝梦游仙境》和《镜中奇遇》，比阿特丽克斯·波特的《彼得兔》和《杰米玛·帕德尔鸭的故事》，詹姆斯·巴里的《彼得·潘》，史蒂文森的《金银岛》和肯尼思·格雷厄姆的《柳林风声》。

在学校里，我学习并陶醉于英国浪漫主义诗人，华兹华斯、柯勒律治、雪莱和济慈以及维多利亚时代的诗人，尤其是阿尔弗雷德·丁尼生和杰拉德·曼利·霍普金斯，这些诗人的作品我从十八岁读牛津大学的时候起就开始学习了。我还拜读了杰弗雷·乔叟，莎士比亚和弥尔顿的作品，以及约翰·多恩等玄学派诗人的作品，亚历山大·波普的作品是我最喜爱的。

我在塞德伯格爱上的另一种文学形式是英国小说。我们研究了简·奥斯汀的《傲慢与偏见》和托马斯·哈代的《德伯家的苔丝》，后来我还自己看了勃朗特姐妹的小说，特别是《简·爱》，还有乔治·艾略特的《米德尔马契》和狄更斯等人的小说。

我还对带有冒险和神秘色彩的文学类型有浓厚的兴趣。其中包括亚瑟·柯南·道尔的《福尔摩斯探案集》，蒙塔古·罗兹·詹姆斯的《古文物专家的鬼故事》，以及切斯特顿的《布朗神父探案全集》等。

后来，许多有关政治哲学、历史、法律、人类学和其他学科的书对我也产生了深远的影响，我暂时先不讨论这些。我写过几本书介绍对我影响最大的十一位作家，包括孟德斯鸠、亚当斯密、马尔萨斯、托克维尔、福泽谕吉和梅特兰等，其中关于孟德斯鸠和福泽谕吉的两本作品已经由深圳报业集团出版社出版，其余的将在未来两年内出版。

朱教授可以谈谈儿时的读书经历吗？

朱永新：

我的童年和少年基本是图书稀缺的时代。乡村文化站书架上孤零零的几十本书早已不能满足我的胃口。于是我向住在招待所的过往客人借书读。当时我母亲在镇上的招待所工作，一个人既是所长，又是服务员和清洁工，我们全家住在招待所，当母亲的帮手和"志愿者"。读书资源大部分与旅客的书有关。因为客人经常是匆匆过客，所以读书也是限时限刻。因此也养成了我快速读书、不求甚解的习惯。真正系统地读书是在大学期间。由于最初读的是江苏师范学院，为了准备成为一名优秀的中学老师，我基本读完了学校图书馆收藏的教育学心理学书籍。而我的朋友刘晓东推荐的人文、历史书籍，也成为我主要的精神食粮。

麦克法兰：

有哪些书对您后来的生活产生了重要的影响？

朱永新：

现在想起来，我觉得主要有三本书——《产生奇迹的行动哲学》《管理大师德鲁克》和《如何改变世界》。

第一本《产生奇迹的行动哲学》点燃了我生命的理想与激情。我还很清楚地记得这本书的封面红黄相间，中间是一个大大的拳头。这个拳头是一个金色的拳头，反映了年轻人奋发向上的力量。这本书讲的是日本医学改革家德田虎雄的故事。德田虎雄出生在日本的一个农民家庭，这个农村孩子的梦想就是做一名医生，做一名好医生，做一名能够改变日本农村医疗状况的医生。但是，他成绩不好，在全校五百多个人中排四百多名。他知道，要想做一名好医生，就必须考一个比较好的医学院，当时日本最好的医学院是日本早稻田大学的医学院，他考了三年才考取。书中有一个细节我记得很清楚：他每天早晨照镜子，就想象着镜子里的"我"不是今天的"我"，而是成为医生的"我"，是一个成为早稻田大学医学院学生的"我"，是一个成为医学改革家的"我"。他以此不断地激励自己，不断地用未来、用理想去激励自己。那时的我也很年轻，大学毕业不久，工作时间也不长，正是需要追寻理想的青春年华。当时这本书给了我很大的启示，它告诉我理想是人生最重要的一盏明灯，人是被理想牵引着走的，如果没有理想，一定是走不远的。所以理想对一个人的一生非常重要。这本书很薄，很小很小的一本小册子，也不是什么了不起的名著，但这本书的确对我产生了一生的影响。后来我能够做一点事情，能够有这样一点抱负，能够把新教育实验作为我一生的追求，我觉得可能与这本书对我的影响有关。

第二本书是《管理大师德鲁克》，这本书帮助我用行动的精神走进教育生活。1997 年年底，我从苏州大学调到苏州市人民政府担任副市长。担任副市长以后我更多地涉猎一些管理学著作，所以接触到这本书。这本书里面有一个故事，令我印象深刻，说的是德鲁克和他的父亲去看望自己的老师熊彼特。熊彼特和德鲁克都是管理学上大师级的人物。1950 年的元旦，德鲁克去看望熊彼特的时候，熊彼特就对自己的学生讲了一句话。他说，"我现在已经到了这样的年龄了，知道仅仅靠自己的书和理论而流芳百世是不够的，除非你能够改变人们的生活，否则就没有什么重大的意义。"这不仅是一个管理大师的忠告，更是一位老师对自己最得意的门生的嘱咐，是在他行将就木之前给自己学生讲的一句肺腑之言。 八天以后，熊彼特就去世了。
这也成为熊彼特在临终前给自己学生的这段文字，在书上就是
两行多，一般人看可能不会太在意，因为他也不是讲管理的。
但是对我来说，差不多是在我心里投了一颗原子弹。 因为这彻
底颠覆了我关于学术的梦想。 在此之前，我跟很多大学教授一
样，对学问的理解还是停留在思想、观点、发表著作、拿项
目、评职称、获奖的层面。 在美国大学里有句话叫"Publish or
Die"，你要么出版，要么死亡。 你作为教授，如果没有成果，
你就站不住脚。 的确，我自己就是这么一路成长过来的。 我
能够在29岁那年破格成为江苏省最年轻的副教授，不就是靠我
厚厚的一批著作吗？ 但是，看到这句话以后，我突然反问自
己，我究竟是为什么而研究学术呢？ 自己写那么多东西是干什
么呢？ 我写给谁看呢？ 当时，我的主要研究领域还是偏历
史，研究心理学思想史、教育学思想史，看的人就更少。 到了
政府工作以后，我的确开始意识到，过去的研究路径好像有点
问题。

　　我出版过一本书《我的教育理想》，这本书一出版，就很快
成为畅销书。 很多老师看了以后很激动，纷纷来信告诉我，自
己本来已经对教育失望，是这本书点燃了他们的教育理想。 虽
然受到一些老师的欢迎，但是也有很多人跟我说，朱老师，不
看你这本书也罢，看了更痛苦。 为什么更痛苦？ 他们说，你
书中描写的这样的教育理想，是个美好的乌托邦，看了让人心

花怒放，但是回到学校，心又冷了，更痛苦了，反差更大了。在中国，考试不改，教育难兴。考试制度不改，教育怎么变？有本事你弄个学校给我看看！这句话给我很大的激励。本来我没想到马上去办个学校做个样板，但就是由于这样的一句话，让我下决心：找学校，把我的这些教育理想进行实验，所以才有了在常州武进湖塘桥中心小学和苏州昆山玉峰实验学校的新教育实验。

如果说，《产生奇迹的行动哲学》给了我一个理想的力量，那么，《管理大师德鲁克》则给了我一个行动的力量。我觉得，这本书让我意识到，行动是改变社会的、改造生活的最有力的武器。这本书，对我的生命产生了至关重要的影响，直接导致了新教育实验的诞生。

第三本是《如何改变世界》，这本书激励我有勇气努力去改变教育生活。我是在 2006 年 8 月底 9 月初读到这本书的。这本书的作者是大卫·波因斯坦，书中提到一个很重要的概念——社会企业家。过去我们只知道企业家是以赚钱，以资本运作和追求利润为主要目标。但社会企业家不是这样，社会企业家是被理想驱动、有创造力的个体，他们试图改变现状，拒绝放弃，最终要重新创造一个更美好的世界。这本书出版不久，《经济观察报》主笔章敬平先生写了一篇长篇报道，叫《零元企业家和他的故事》。而这篇报道写的就是我和我的新教育实验。这篇文章发表在《经济观察报》上的第二天，就有一个上海企业家在我的博客里留言，说老师你们做的事太伟大了，给了我们两百万元来支持我们做新教育事业。我根本就没想到我是社会企业家。那我们就看看社会企业家是怎么回事？看完书以后我就写了篇文章，关于新教育的文章，叫《我们也可以改变世界》。因为这本书以讲故事的方法写了一些著名的社会企业家，并写了一些成功的社会企业的特征，比如乐于纠正，乐于奋斗，乐于突破自我，乐于超越世界，超越边界，默默无闻工作等等。我将新教育体制与这些故事做了一些对比，然后得出结论，其实我们所做的这一切，也都在改变着这个世界。在同样的教育制度下，为什么有些学校做得风生水起？在同样的条件下，为什么有的老师可以做得很卓越？抱怨是无济于事的，我们唯一可以做的就是行动，就是改变。当时读了这本书以后，我意识到，这就是我们在做的事业。新教育改变了一个老师，就是改变了一间教室，就是改变了几个孩子。这么多年来也的确如此，新教育实验在悄悄地影响着很多区域的教学事业。2016年四月份我们在湖北随县召开了一个新教育大会，我很感动。随县是新建的一个农业为主的县，原来没有城区。随县参加新教育实验仅仅五年，五年以后，它的上级地级随州市进行了一次综合测评，以初中为例，前三十名随县拿了二十三名，前十名拿了七名。我们专门到那里去看那些村小的孩子。你看那些农村小学的孩子，他们的阅读量，他们的精神状态和城里的孩子没有什么两样，甚至更好。所以，这种悄悄的改变，只要你做了它就会出现。用我们新教育人的话来说叫行动就有收获，坚持才有奇迹。

您最喜欢的书是什么呢？

麦克法兰：

选择一本最喜欢的书不太容易，因为许多书对我来说都意义非凡。但是，如果一定要选一本书，我会选择威廉·莎士比亚的戏剧。莎士比亚的伟大是无与伦比的，他作品中丰富多样的角色和经典不朽的台词始终在我脑海中萦绕。朱教授说到小时候乡村文化站书籍不多，那现在中国有找到怎么解决农村读书问题的好办法了吗？

朱永新：

这就是我之前说起的农家书屋。全民阅读是提升国民素质直接有效的途径之一。而农家书屋就是全民阅读在农村的主阵地、大平台，把好书送到家门口是对农民群众文化权利的有效保障，也是促进农村基本公共文化服务不断优化的有效举措。截至 2018 年底，农家书屋共向农村配送图书 11 亿多册，农民人均图书拥有量从农家书屋政策实施以前的 0.13 册增长到 1.63 册。 但由于我国城乡发展差异巨大，乡村文化基础设施相对落后，广大农民群众阅读习惯还未普遍养成，在乡村建设先进文化、培育文明风尚、提升精神追求的任务还较重，农家书屋工程应该大有作为。 对此，我记得中宣部等十部门印发了《农家书屋深化改革创新提升服务效能实施方案》，针对农家书屋资源闲置、机制不活、内容不合口味、数字化程度不高等问题提出了一系列有针对性的措施。

一是将农家书屋与乡村中小学图书馆建设结合，让文化的种子扎根农村。 儿童时期是阅读兴趣与习惯养成的最佳时期。 一旦孩子发现了书籍这个智慧的宝藏，就可能养成良好阅读习惯。 这对于培养更多用知识改变命运、建设家乡、实现梦想的人才有着重要意义。 对农家书屋进行布点调整，与乡村中小学图书馆建设合二为一，能有效解决学校图书配备品质较低、图书馆利用率低、缺乏阅读课程和活动等问题，可谓一举两得。 在图书配备上，可以设置符合乡村实际、适合乡村学生阅读的基本书目，把孩子们最喜欢、最想看的书优先配齐；在活动开展上，可以利用课余开展丰富多样的亲子共读、朗读比赛等活动，让孩子带动全家读书的积极性；在人员使用上，可以聘请退休教师作为农家书屋管理人员，发挥其教化育人的特长。

二是将农家书屋嵌入公共图书馆体系，构建深入基层的阅读网络。 目前，农家书屋与图书馆体系，在选书用书、开展活动、人员培训等方面，都还相对独立。 可以对农家书屋和基层图书馆的互联互通进行制度化设计，通过两个体系的资源整合，提升基层公共文化服务效能。 可以调整选书供书思路，加大农民群众参与度;增加图书借阅和使用便捷性，推广"一屋多点"的服务模式，将图书放在农民最容易拿到的地方，如人流集中的广场、超市、便民服务大厅等地，使农民获取图书的途径更加多样和便利;吸引社会资本和力量进入，以委托管理等方式提高农村公共文化服务体系的社会化水平，打破乡镇之间、村与村之间区域行政的限制，以便盘活和调配图书资源，使农家书屋的服务水平、质量明显提升。

但即使国家和很多人在整体公民的阅读上做出这么多的措施和努力，仍然有很多人认为 "读书无用"，您怎么看这个问题?

麦克法兰：

阅读是绝对必要的。 因为阅读可以激发人的思维，而这是其他交流方式（例如看电视，卡通，电影等）所无法达到的。可以说阅读是人类最伟大的发明之一，我们应鼓励所有儿童尽可能多地阅读。 我知道现在大家接触更多的是电子媒体，大家很多时候在通过电子媒介进行阅读，尽管有声读物与传统阅读不同，但也是很有帮助的。 再有，用英语这样的字母语言阅读和用中文这样的图形语言或象形文字阅读，体验会非常不同。中文的文字书写非常具有美感，对人从视觉和听觉上都能产生吸引，从这方面来看，我认为阅读中文比阅读英文能带来更好的效果。 您是怎么理解"读书无用"这种说法的？

朱永新：

我和您看法一样，阅读是绝对必要的。 在我看来，阅读更是一种弥补差距的向上之力。 每个个体生命或许都存在着先天的不同和差异，阅读作为一种人的意识、思维、心智、认知、情感等全部参与的向上活动，一种需要渐进培养能力的活动，一种建构人的精神意义和文化生活过程的活动，是可以后天培养且人人能够掌握的能力。

阅读对教育的影响就更不用说了。 对教育来说，阅读是一种最为基础的教学手段，是贯穿整个教育教学过程的基本要素。 学校教育最关键的一点，就是让学生养成阅读的习惯、兴趣和能力。 如果一个学校将这个问题解决了，主要的教育任务应该说就算完成了。

对社会来说，阅读的作用更是明显，因为它是一种消弭社会不公的改良工具。 因为阅读能够让弱势群体的教育状况得到改善，让人自身变得丰盈，逐渐成为优质教育群体，进而改变自身的命运。

看来我们对阅读的重要性达成了共识，在您看来，有什么办法或途径能让人建立起对阅读的重视？

麦克法兰：

就我个人成长经历来看，我认为应该鼓励家长送孩子书，给孩子提供阅读时间，陪孩子睡前阅读。我记得我小时候，当我母亲发现我开始不愿读书时，甚至用钱奖励的方式来激发我读书的兴趣。而学校更应该留出时间让孩子们安静地阅读，提供好的图书馆，教孩子如何不被手机分散注意力等。但现在许多人都很忙，经常出门在外，所以我认为好的有声读物会很有潜力，应该大力发展，因为这些可能会激发人们对文学的热爱。一个人一旦发现了阅读的乐趣，能够通过阅读来探索一个令人激动、充满冒险、爱情和魔幻的新世界，那么很可能他们将成为终生的阅读爱好者。

朱永新：

我非常同意您的观点，父母在塑造孩子的阅读习惯中起着十分重要的作用，正是认识到了阅读的重要性，于是我们在新教育中提出了亲子共读。 亲子共读不仅能培养孩子的阅读习惯，也能让孩子带动家庭的阅读积极性。

第三辑
家庭与学校

　　学校的教育当然也很重要，但家庭教育的重要性不亚于学校教育。 我一直认为家庭是人生最重要的场所。 人出生后便生活在家庭中，通过家庭和父母感受世界。 在此之后才进入学校。 但即便在教室的时候，我们每天还是要回归到自己的家庭。 所以，家庭是人生场所的重心，毫无疑问也是人一生中最温馨的港湾。

麦克法兰：

我因为很小就在寄宿学校生活学习，在寄宿生涯中，对学校和家庭教育的区分没有非常强烈感受。 您怎么看待家庭教育在一个人整个人生中的影响呢？

朱永新：

家庭是人生最重要的场所，学校的教育当然也很重要，但我认为家庭教育的重要性绝不亚于学校教育。

我一直认为家庭是人生最重要的场所。 我曾经说人的一生要经历四个主要的场所：母亲的子宫、家庭、学校、职场。 我们在母亲的子宫里吸收营养、感受外部世界，出生后便生活在家庭中，通过家庭和父母感受世界。 在此之后才进入学校和职场。 但即便在教室、在职场的时候，我们每天还是要回归到自己的家庭。 所以，家庭是人生场所的中心，毫无疑问也是人一生中最温馨的港湾。

毋庸置疑"父母是孩子的第一任教师"。 父母对孩子的影响是难以想象的，父母每天和孩子生活在一起，他们的一举一动也无时无刻不在对孩子产生潜移默化的影响。 父母和孩子一起吃饭、一起说话，交流和学习无时无刻不在进行着。 父母的行为将成为孩子模仿的对象，父母谈论的话题也会成为孩子的兴趣。 很多父母以为跟年纪较小的孩子多说话没有什么意义，实际上父母说的东西，即使孩子在此刻不懂，也会成为他大脑里的重要组成部分。 有心理学家研究发现，家长或家庭经常谈论的语言、词汇与孩子的兴趣点或者未来选择的职业有着紧密的关系。 中产阶级家庭里，父母往往会议论时政、国家和社会；在相对贫困的家庭，家庭的话题更多集中在当下的生活、经济的问题。 这样这些话题就慢慢在孩子的脑海里留下印记，孩子关注点就不一样，人生今后的职业选择、人生道路也不一样。

家庭教育的作用不可小觑，从孩子接受教育的过程看，孩子最早接受的、影响最深远的就是家庭教育。 父母对孩子的影响是潜移默化的，父母的言行对孩子起着言传身教的作用。 我常常看到，在优秀的孩子成为优秀人才的路上都有着和谐的家庭的作用。 您与您父母的关系如何？ 在您的印象中，父母对您影响大吗？

麦克法兰：

我和母亲关系非常亲密，她把绝大部分精力都放在了我们子女身上。 因为第二次世界大战，父亲长年在军队服役，所以我无法经常见到他。 但母亲给了我非常多关爱。 她经常给我读故事，母亲自己也写故事，还会把故事写在信里寄给我。 在我五岁之前，我母亲一直悉心照料我，给了我很多母爱和支持。 即使后来我被送回英国上学，母亲还是一如既往关心我，她每周都会给我写一封长信。 我一直相信母亲对我的爱，对此我从来没有怀疑。 母亲是一位非常了不起的人，集哲学家、艺术家、历史学家、作家和诗人于一身，同时她还出版了很多书。 可以说母亲对我的人生产生了非常深远的影响。

朱永新：

那您的父亲呢？ 刚刚你讲到您的父亲长时间待在军队里，聚少离多。

麦克法兰：

我父亲相貌英俊，身强体壮，为人善良，他很喜欢小孩子，待孩子很好，我非常爱他。 父亲擅长体育，这让我很崇拜他。 父亲还喜欢钓鱼，这是我们两个的共同爱好。 总体来说，母亲陪伴我的时候多，我跟她也更亲近，父亲常年在外，对我而言更像是一个崇拜的偶像。

朱永新:

你刚才提到您母亲是一位优秀的哲学家、作家。你如何评估父母的文化教养、学历对孩子的影响？我们也看到许多贫困家庭的父母，甚至本身是文盲的父母，也培养出很多优秀的孩子。您觉得这是偶然，还是存在规律？

麦克法兰:

就我的家庭而言，我是非常幸运的。我祖母聪明、有天赋，她一直鼓励支持我的各种选择。我的祖父是个博学的人，爱好诗歌、小说和艺术，但他不情愿地当了一辈子兵。经常和我们一起度假的叔叔理查德，获得过牛津大学奖学金，后来在海利伯里学院成为了 T.R.马尔萨斯的接班人，教授经济学和其他学科。

另一个叔叔罗伯特跟我算校友，也上过塞德伯格学校，但比我早，之后他又进入牛津的伍斯特学院学习，最终成为一位著名的历史学家。 罗伯特叔叔更像哥哥，他只比我大八岁，这样一个在我六到十二岁期间一起讨论、玩耍，在我十几岁时成为我学习榜样的人，无疑给我带来了巨大的影响。 妹妹菲奥娜比我小两岁，她聪明伶俐，有艺术天分，小时候学习成绩很好。 我俩相处的时间很长，有她做伴，对我而言既是幸运又是激励。

当然，给我带来最深远影响的还是我的父母。 父亲虽然不是知识分子，但擅长数学，是个聪明又富有同情心的人。 母亲就更出色了。 她的兴趣爱好不仅广泛还很精深，她研究历史、撰写童书，此外还对哲学、绘画、诗歌、语言学颇有研究。 在我身边时，母亲不断鼓励我，不在我身边时，她也会给我写很长的信，激励我成长进步。

大多数成年人都说不清楚小时候父母是如何抚养他们的，因为他们已经记不清儿时的事了。 我之所以知道这么多父母亲的事情，是因为我保存了很多他们的书信。 父母去世之后，我阅读了很多他们之间的信件、以及我和母亲之间的书信。 所有这些书信都收录在我正准备出版的书中，书的中文版是由北京的一个基金会赞助出版。 我还有一本书讲述了母亲接受教育的经历，她通过写日记和书信的方式将这些经历记录下来。 通过阅读这些材料，我可以了解母亲接受教育的经过，了解父母如何以一种特有方式把我养大成人，了解父母之间如何谈论我的成长。 我也因此可以看清母亲对我的影响究竟有多大。 她喜欢诗歌、善于思考、热爱学习、充满好奇心、关心别人，这些都深深影响了我。那些留存的书信让我了解了母亲的童年经历，以及那些经历又如何在后来影响了我。我父亲不太喜欢上学，他年纪轻轻就辍学去了印度，所以在智力发展上，父亲对我的影响远不如母亲带给我的影响大。

第二个问题是关于文盲或者说受教育比较少的父母。我之前在尼泊尔的贫困地区做过田野调查，当时遇到一位母亲，几乎是文盲，受教育很少，但她对孩子的教育方式却让我印象深刻。虽然是文盲，但这位母亲能教育自己的孩子如何照顾自己、如何与他人友善相处、如何保持身心愉悦，所以我认为父母教育质量的高低更大程度上取决于父母对孩子的爱、关心、支持，而不在于父母的受教育程度。

朱永新：

您的回答很值得人深思，其实这也是许多中国父母关心的问题，因为很多中产阶级以上的家庭都非常关注孩子的教育，他们会想尽办法给孩子创造良好的学习成长环境。但很多贫困地区、农村地区、边远地区的家庭就缺少这样的条件。其实没有关系，中国有句古话，自古英雄出寒门。有时重要的不是父母能给孩子多少知识，更多的是人格上能给孩子多大的引领，是父母本身对知识的尊重、敬畏，以及对孩子自信心的养成，总之非智力因素比智力因素在人的成长中更加重要，所以我很赞成您的论述。

麦克法兰：

我觉得不仅父母可能影响孩子，孩子同样也在影响父母。也只有真正有孩子之后，你才能发现你能从孩子那里学到什么。比如你可以从孩子身上学会要有耐心，要尊重孩子对世界的好奇心和兴趣。但现在的情况跟以前大不相同，正如我之前所说，世界发展迅猛，很多父母已经能够从孩子身上学到更多东西。比如，在科技方面孩子比父母懂得更多，父母就要从孩子身上学到更多关于科技、时尚的知识以及一些新观念。所以现在父母与孩子的关系越来越平等，而不是像以前父母只是把从社会上学来的东西单向传授给孩子。如今，孩子在课堂上和在社会中学到的东西，回家后也会反馈给父母。

朱永新：

这就是社会学家经常讲的，我们已经从前喻社会发展到后喻社会。 前喻社会指父母亲比孩子们懂得更多，所以是单向的向孩子传递知识。 到了后喻社会，孩子们的知识来源更多，特别是在网络、媒体发展起来之后，他们反过来向父母传递知识。 其实即使是未成年的孩子，也有很多地方值得父母学习。

麦克法兰：

确实，影响是相互的。 那在您看来具体什么样的父母和家庭会对孩子的成长有助益呢？

朱永新：

就像您在前面说到的，重要的不是父母能教授孩子多少知识，而是父母在人格上能给孩子多大的引领，因为在人的成长中非智力因素比智力因素更加重要。 我认为最理想的父母和家庭教育应该是把孩子的人格健全、道德完善放在首位，让孩子轻松自由的成长，善于挖掘孩子潜能，能够平等对待孩子并以身作则。

对孩子的发展来说，人格和道德品质的建立是第一位的，就像司马光曾说的无德有才是小人，而在人格的培养上家庭教育担负着最初的责任。

现在很多父母过早地让孩子学习各种技能，我不认为这是一种妥当的做法。孩子需要在童年游戏和玩耍，这并不是浪费时间，而是孩子认知世界、创造世界的重要源泉。在游戏中，孩子的创造力和想象力才能不断发展，他们可以自觉学会创造并遵循规则，学会信守承诺并体验社会的各种角色，这对孩子未来的发展也是多有助益的。

当然，如果父母可以发现并且培养孩子的潜能，那将创造出意想不到的奇迹。但是，这对于父母来说通常很难做到。很多父母会为孩子预设前进方向而且急于求成，这其实在很大程度上是扼杀了孩子的天赋和潜能。理想中的父母应该注重孩子的早期开发，鼓励孩子在不断尝试中发现真正适合自己的东西。

朱永新：

您在《给莉莉的信》中曾经说过，孩子早晚要告别父母，告别兄弟姐妹或者其他亲属，但是这个过程不能太快也不能太慢，父母既要呵护自己的孩子，但是也不能给孩子太大的压力，您是怎么理解父母与孩子之间关系的？

麦克法兰：

在过去和现在几乎所有的文明社会中，孩子都跟家庭保持着紧密联系，他们去学校学习某些技能，但仍是家人教会他们人情世故和道德观念，孩子终身都会受到父母的管教。几百年前，英国人开始鼓励他们的孩子从十几岁就要独立成长为成年人。而家长也把引导孩子走向社会的重任交给了学校，同时，学校还要教授正规的学科知识。这样一来，家长也不再通过向学校施加重压来督促孩子成长进步。在家里，父母也不得不允许孩子们相对自由——自己决定自己的生活方式，并迅速学会远离父母生存。在我看来，父母应该支持和疼爱他们的孩子，但不要扼杀或压制他们。而父母的地位、未来的财富和老年幸福并不取决于子女。要允许和支持他们的孩子去追求自己想要的事业，和喜欢的人结婚，搬到他们想去的任何地方，培养自己的兴趣、爱好、才能，追求他们心中的宗教理想和政治抱负，我觉得这才是正确的相处方式。这样的父母与子女的关系不仅能减轻学校的压力，也使整个教育体系更具创造性。相应，父母也能拥有规划自己生活的自由，而不必一味担心地孩子。

中国学校是否会教授学生如何独立于父母吗？

朱永新：

一般来说中国的学校不会教孩子独立于父母，相反中国的整个教育氛围都是主张良好的亲子关系，倡导父母对孩子的主动关爱和孩子对父母的尊敬。所以中国教育在一定程度上是鼓励学生更多地跟父母建立良好的关系，更多地依靠家庭和父母的力量来成长和发展，也主张父母更多地关注孩子、管理孩子、甚至于"干涉"孩子。

中国古代就讲"父母在不远游""父慈子孝"等观念，如今我们在整个教育过程中也没有特别注重培养学生独立于父母的能力。直到现在，中国孩子成长以后仍然依赖父母，跟父母之间联络非常多。孩子生了孩子以后，父母就去照应。应该说这是中国传统社会里宗族制发展至今的结果之一，也是中国以血缘为纽带建立起家庭关系的一个场景。

但是，这种情况的缺点就是让学生变得很依赖父母，同时让父母变得很焦虑。也因为太过依赖，导致父母过分关注孩子们的学习情况，如果学生的学习情况不好，父母亲就会高度紧张。相应地，孩子的自由精神、反抗精神也相对匮乏。当然，中国的孩子也不如西方的孩子那样叛逆。

但是现在我们出现了一种现象，就是我们之前提到过的，许多家长会送孩子出国留学，而且中国学生的出国留学呈现出越来越低龄化的趋势，中国学生很早就离开家庭和父母独自生活。过早离开家庭，必然会对孩子产生深远影响，作为曾经有过类似经历的人，你对此有什么看法和建议？

麦克法兰：

我五岁时离开印度被送回英国，六岁时被父母留在英国，八岁被送进我的第一所寄宿学校。那时候，我倍感孤独，很想念父母。如果中国孩子在这么小的年龄就被送走，这是一件很冒险的事情。如果我的中国朋友想把他们的孩子送到国外接受教育，我建议他们在孩子中学毕业后再把他们送出国。因为孩子们需要培养起强烈的中国根和身份认同感、了解自己祖国的文化和历史，然后再去接受西方教育来加速他们的成长。我的一些很小年纪就被送来西方的中国朋友对他们自己的身份感到不安和困惑，觉得自己既不完全是中国人，也不完全是西方人。正如人们用"中式英语"来指代受到汉语影响的英语那样，这些人普遍也存在一种"中式身份认同感"的焦虑。

当然，如果父母，至少有母亲陪着他们一起出去，孩子们可以继续学习汉语，经常回到中国，问题就小得多。现在，中国学生也有越来越多的机会可以选择，比如在国内就读国际学校，之后再去西方读大学。

朱永新：

太早切断家庭、祖国和孩子之间的联系对他们的成长确实是不利的。 中国现在还有一种现象，也在早期就弱化了孩子与父母的联系，就是留守儿童。 中国目前有 6000 万留守儿童，对他们而言家庭是缺失的或混乱的，这是人类前所未有的问题。如果农民不离开村庄外出打工，他们的生活水平就难以提高；如果出去，孩子在城市的入园、就读、就医等问题又难以解决。 如果一方留在乡村，也可能出现新的家庭危机（男性在城市有临时夫妻，女性在乡村找人同居）。 您关注过这类的现象吗?

麦克法兰：

我曾经参观过一些留守儿童学校。 儿童数量之巨，与父母距离之远，以及这种现象出现之迅速，确实给中国带来了巨大的问题。 我对留守儿童这一问题感同身受，因为我的个人经历在某种程度上就是这一现象的缩影。

英国的中上层阶级教育，包括我本人以及几百年前我的祖先们接受的教育，都有很大的相似之处。 英国经历了几次劳动力迁移，结果导致父母远离家乡，把孩子留给学校、其他家庭成员甚至陌生人照顾。 父母到英国各地工作，把孩子送回家乡接受教育，通常都是送到寄宿学校。 与中国相比，英国留守儿童的数量很小，但我们也存在类似的心理和社会问题。

正如我父母觉得把我们留在英国更好，所以当他们远在印度的时候，把我们交给祖父母抚养所面临的困难和问题就摆在眼前，但也很难给出更理性的选择。

也许当外来移民能在城市中立足后，他们会把孩子接到身边接受教育。 还有一种情况，正如世界上许多地方所发生的那样，出现"反向"移民潮，许多人慢慢从城市开始返回城镇和村庄。 这些返乡移民者带着新掌握的新技能和积累的资本回到家乡，会让当地的社会生态焕然一新，很多能成为当地成功的商人和社会人士。 这两种情况的出现我觉得都将在一定程度上缓解留守儿童的问题，或许未来的十年或二十年后这一问题可能不再像现在那么严重。

我的另一个想法是加强孩子与家长的沟通。 我个人经历的一个主要问题是心理创伤——就我而言，之前英国与印度间书信往来，一来一往就需要大约四个星期，之前的等待对于作为孩子的我来说，非常漫长，当然现在这种情况发生了巨大变化。 电子邮件、微信、手机等即时通信方式彻底改变了我们的联系方式，回复只需几秒钟。

这些新的通信方式得到了学校和家人的积极支持，孩子们可以自由轻松地与远在外地的父母联系，反之亦然。当然，与父母联系也不是随时随地都可以。我们注意到，中国的"留守"学校与英国学校一样，学生只能在规定时间使用手机。这些电子通信设备大大缓解了孩子们的孤独感。

此外，中国铁路、公路网的建设发展，再加上一些单位给外地父母提供的探亲补贴，都使得父母和孩子的团聚变得更容易、更频繁。目前，一个城市工人一年一般回家看一到两次孩子，随着中国变得越来越富有，交通越来越便捷，回家团聚的次数很容易就会增加。

其实我们还是应该回归到一个更基本的需求，即以一种全新的方式思考教育的目的是什么，以及思考新技术和财富将如何使中国成为一个先锋，不仅是获得最高的数学分数，而是应该在教育的各个领域发挥引领作用。

朱永新：

其实这些年来，我们都看到了很多留守儿童问题的报道，父母的缺席使得家庭教育缺失，自杀、性侵、失踪、意外死亡等报道触目惊心。留守儿童的监护缺失问题已经带来严重后果，数千万的乡村儿童与父母长期分离，他们的身心健康和发展必须引起高度重视。

我们做过相应的调查，调查显示家庭的缺失主要带来了四个方面的问题：亲情的缺乏、心理问题不能及时疏导、意外伤害比例高和缺乏有效教育。这些问题不仅伴随着孩子的留守期，在成长的过程中也会导致孩子存在不同程度的内心封闭、情感冷漠、行为孤僻等问题。

改善留守儿童的问题其实是一个大工程，因为它不仅需要家庭和父母的努力，相关政策的出台也是必要的。我们发现《中华人民共和国未成年人保护法》对监护人缺乏强制性执行条款，对留守儿童的亲子团聚权也缺乏硬性的规定；民法中规定的监护制度不够具体，操作性不强；而《中华人民共和国刑法》中关于虐待罪、遗弃罪等规定也不够充分；《中华人民共和国劳动法》没有落实农民工带薪休假等制度。我认为国家应该尽快完善现有相关法律法规，明确监护人的条件、权利、责任和义务，对不履行监护责任的认定和处罚要更有可操作性。

另一方面，也应该从国家层面进行产业布局，引导劳动密集型产业向人口流出地转移。调整生产布局，加大对川、豫、皖、湘、黔等留守儿童大省的基础设施建设投入，强化当地农民工的职业技能培训，聚集市场发展要素，加快当地经济社会发展。特别是扶持小城镇建设，为农村剩余劳动力就近转移提供更多机会，使乡村儿童的父母能够离土不离乡，从源头上减少留守儿童的数量。

相关部门也需要制定政策，鼓励父母携带子女外出务工或者父母一方留在子女身边。 建议对携带子女外出的农民工父母或一方留在子女身边的农民工夫妻，进行适当财政补贴。 要求流入地政府采取切实措施保障外来务工人员子女的合法权益，使得外来务工子弟能与本地居民在教育、医疗等方面享有同等待遇。

同时，还要实现标本兼治，大力推进寄宿制学校建设。 因为中西部地区的基础设施完善和劳动密集型产业转移不可能一蹴而就，所以从根源上消除留守儿童问题需要经历较长的时间，或许大力推进寄宿制学校建设是一个比较好的方式，让目前处于监护不良状态的部分留守儿童进入寄宿制学校，在很大程度上能确保他们的安全和身心健康。

麦克法兰：

我了解到中国的另外一个现象，就是独生子女政策，这给家庭结构和家庭生活带来了巨大的改变。 独生子女政策对中国教育的发展影响大吗?

朱永新:

独生子女政策在中国应该说是一个历史上短时间内进行的人口政策。因为教育对于人格的塑造有着重要的影响，同时跟家庭和个人有着非常密切的关系。因此有人认为，独生子女政策对教育的影响，首先是当一个家庭只有一个孩子时，那孩子就是唯一，很容易出现以孩子为中心的问题，父母亲通常把孩子当做小太阳，多数会出现一家几个人围着孩子转的现象。八十年代的时候，中国有个叫做孙云晓的教育家写过一篇文章《中日夏令营的较量》，其中就讲到当时参加夏令营的部分独生子女甚至连鸡蛋都不会剥，因为父母亲对孩子太关爱了，不让孩子做任何家务，不让孩子从事任何活动，从而导致孩子的动手能力严重不足。

就学校教育而言，因为过去的中国家庭孩子比较多，几个孩子之中，总有一两个好一点，优秀一些，有机会成长得更好一些。所以相对而言，父母亲对教育就没有那么紧张，也不会过于担心。现在如果家庭只有一个孩子，父母就会焦虑，自然都希望孩子考最好的大学，以此类推：想考最好的大学就得上最好的中学，还得上最好的小学，乃至最好的幼儿园，这就是所谓的不让孩子输在起跑线上。所以，中国现在全社会对教育的这种焦虑情绪，我觉得与独生子女政策有着非常密切的关系。

亲子关系、人际关系也与以往区别很大。几个孩子时，不同的孩子与父母之间、几个孩子互相之间，都会自然而然地形成一种网状的人际关系，许多教育也就自然蕴含其中。但另外还有一个很重要的问题就是，因为家庭本身就是社会化的场所，如果是几个孩子在一起，长幼有序，那么大孩子怎么照顾小孩子，小孩子怎么跟大孩子学习，他们之间有竞争也有合作，社会交往的过程在家庭中就能实现。而如果是独生子女，这方面的训练往往很少，孩子多半是以自我为中心，不考虑别人的感受，不考虑别人的需要，也缺乏合作的经验。这样的孩子往往走向社会以后，合作的能力相对来说不太够，会遇到很多类似的问题。比如经常会出现类似的负面报道，就是销毁其他人的重要物品，不跟别人合作，不尊重别人的感情等等。

当然，往好的方面来看，父母亲在独生子女身上倾注的心血会更多，所以独生子女在知识的掌握、智能的发展、能力的形成等方面会有更多优势，孩子通常会得到更多的关爱和帮助。

不过，在中国实施独生子女政策时，对城市和乡村的影响是不同的，通常在乡村里如果第一个出生的孩子是女孩时，可以允许生第二个孩子。现在中国已经放开二胎，所以独生子女只是一种局部的、短期的历史现象。

通常中国或者西方典型的两种家庭教育，一种是比较宽松、自由，一种是比较严厉，你觉得哪一种更好？

麦克法兰：

到底是宽松还是严厉，我觉得完全取决于针对的事情。培养孩子其实就像教孩子玩游戏，比如你在教他们打网球或踢足球的时候，第一个要教的就是规则，没有规矩不成方圆，你要教会孩子遵守规则。没有规则意识的孩子在成长过程中会迷失方向，产生困惑，自己也不会开心快乐。我们强调规则并不是说要对孩子采取多么严苛的管理措施，规则更关乎公平和正义。我们要让孩子明白，底线在哪里，有些事情是不能做的，这是我们社会生活的前提基础。

另一方面，一旦孩子违反规则，我们应该就事论事，就如同比赛中违规，就应理所应当接受处罚。抚养孩子的过程中，家长的角色有点像牧羊犬，你只需要跟在羊群后面，把控着整个羊群的行进方向就可以，没有必要冲在最前面，这样反而会把羊群吓得四散而逃。如果你把羊群紧紧地绑在一起，他们也会受到惊吓，所以对孩子太过严厉，掌控太紧也不利于他们成长。如何做到松弛有度，找到两者间的平衡是十分必要的，尽管这很难，尤其随着时间推移，规则会变化，平衡也会打破。

118

尽管如此，你仍可以反观自己的童年经历，把你认为好的，最适合自己的方式带给你的孩子。

其实除了家庭的教育方式，家庭结构的变化也同样会对孩子的成长和教育带来影响。您认为在未来三十到五十年内，家庭结构会发生重大变化吗？如果有，您觉得会是什么样的变化？

朱永新：

这是一个很有意思的问题。我们可以看到，过去的三十年到五十年，其实家庭结构已经发生了很大的变化，最典型的变化就是从大家庭变成了小家庭。我们中国叫"四世同堂"，我们有一个很有名的作家老舍，有一本书叫《四世同堂》，描写的就是大家庭的状态，像这样的家庭现在已经越来越少了。目前的核心家庭就是两个父母一个孩子，但现在我们又开始鼓励生二胎了，所以以后的家庭结构可能是两个父母两个孩子。当然还有一些其他新的变化，比如说未婚同居，在西方比如美国有很多同居的家庭，他们没有正式结婚就住在一起，甚至还有同性的家庭。可以看出，家庭结构本身会随着社会的发展而不断发生新的变化。

但我个人认为在未来的三十到五十年，可能以核心家庭为主体的家庭形式会成为一种主导的方式。因为我们知道，三代同堂或四代同堂这样的家庭，过去是靠家族的、靠上一辈对下一辈的绝对权威来维持家庭的运转，而现在已经很难维系了。这样的大家庭如果继续生活在一起，家庭矛盾会越来越多，所以核心家庭应该会成为一种主要的形式。

那么家庭教育的形式呢，不仅取决于家庭，还取决于学校。未来的学校也可能会发生很深刻的变化。最近我一直在思考未来学校的问题，我认为像现在这样每天准时到学校学习的方式可能不是未来学校的主要模式。现代学校模式是从英国开始的，是大工业时代的产物，大工业时代带来的整齐划一，不同个性不同能力的人在一个课堂里面，实际上老师的一堂课，可能有相当多的人不需要去听，他们就已经懂了，但也有少部分人可能学了半天还没懂。整个教育是以牺牲个性、牺牲一部分人的发展为代价的，所以未来可能不需要这样，学生学习可能会更个性化、自由化。学生不仅可以通过课堂学习，还能通过网络学习，可能不仅在学校学习，还在家里学习。现在中国已经有 20 万~30 万的家庭的孩子不到学校去，而是在家里由父母亲直接教孩子，夫妇至少有一方是从事全职家庭教育。未来随着社会发展，很可能在孩子的成长期，夫妇有一方会专职地从事教育，孩子也可能有相当多时间在家里进行自主学习。这样来说，未来学校可能会变成一个学习中心，学生到他想去的学校、去学想学的学科，相应地家庭和学校的联系也会发生很大的变化。

总的来说，未来三十年家庭的小型化、核心化，可能还是一个基本的趋势。另外在家学习、在家教育的比重可能会进一步增加。

朱永新：

根据您儿时的经历，您认为对于中小学生而言，家庭教育和学校教育哪个更加重要一些？英国学校是否重视家校之间的合作？

麦克法兰：

在我的寄宿生活中，学校和家庭的界限并没有明显区别。事实上，我们当时的校长还创立了一种鼓励学生体贴父母的传统，这一做法受到牛津北部知识分子家庭和中产阶级家庭的广泛欢迎。我们的校长从不说教，除非在每学期结束时，他才训诫学生们要对父母和兄弟姐妹尽可能友好和无私。当然，大多数寄宿学校都会鼓励这种美德。

预备学校特别鼓励父母在学期期间尽可能多地看望孩子，

从而筑牢孩子与家的关系，我们学校一直延续这一传统。 对学长和长辈热情有礼是另一个传统。 寄宿学校学生的父母不少身在外地，学校也鼓励学生外出看望他们的监护人或其他近亲，如生活在学校周边的祖父母。 或许因为一直都有这样的传统，于是家庭教育和学校教育谁更重要一些并没有引起社会广泛的讨论或关注。

在您看来，家庭和学校关系最理想的模式是什么样的？

朱永新：

关于家庭和学校的关系，过去十几年我们新教育实验在做一个探索，概括成一个行动叫"家校合作共育"。 家校应该是伙伴、合作这样一个关系。 之前您说家庭和学校自古以来是有一点分工的，家庭可能更多是培养孩子的人格、道德，学校则更多是教给孩子们知识。 未来，我相信分工会淡化，也就是随时学习，学生在家里可以学习，在学校里也可以培养人格。 更重要的是，父母会更多地参与到学校的教育过程中去。 国外很出名的是 PTA，Parent-Teacher Association，家校方面的合作功能会加强。 另外，因为大部分父母是没有经过系统的教育和培训的，所以学校作为一个专业的教育机构，可能今后会在培训父母上下一点功夫，比如说我们新教育学校就办了"新父母学校"，也就是学校不仅帮助孩子成长，也帮助父母成长，父母成长了孩子才能够成长。 所以我觉得这个家校关系今后应该是伙伴和合作的关系，更多地参与，更多地了解。

在英国，家庭和学校的关系是怎样的?

麦克法兰：

几个世纪以来，中国和英国有关家校合作共育的传统大不相同。 在英国，学校不仅是孩子获得父母无法教授的具体知识的地方，还是他们培育道德人格，学习人际交往和实现情感成长的场所。 学校把孩子带出了家门，进入了更广阔的社会。 这一职能在上流社会的寄宿教育中更显著，但也适用于其他学校。 而中国（还有法国，西班牙，意大利的大部分地区）学校有明显的区别。 学校教给孩子具体知识和某些技能，而家庭教育教会他们剩下的：道德、社交和身体技能。

现在情况正在改变。 随着文化发展和智力水平的快速变化，父母和孩子都必须面对一个不一样的世界，在这个世界里，人们的休闲娱乐方式越来越多样，随着技术的进步，旧的技能也必须不断更新。 在这种情况下，父母和学校更应该加强合作。 这不仅使双方都可以参与到孩子成长的方方面面，学校承担更多培养孩子社会交往能力和树立道德观念的责任，父母也更好了解孩子文化知识学习。 对于父母来说，这也很重要，因为他们也能越来越多地从孩子那里获得新知识。 相应华兹华斯所说的"儿童是成人之父"也应该具有新的含义，可以改写为"孩子是父母的老师"。 与父母相比，孩子通常更擅长了解和掌握新技术和前沿趋势。

此外，教育的阶段性，即上中小学然后读大学，毕业后找到一份工作，学习阶段结束，这种想法将会消失。 取而代之的是，人们将接受终身教育，需要不断接受培训和再培训，并且还应将教育作为一种丰富人生的活动来享受。 剑桥大学的一个例子就是创办了一所"老年大学"，向已经退休的人或者没有全职工作的人提供教育培训，该大学是我的一个朋友彼得·拉斯莱特在英国首次创办的。 因为随着社会不断地变化，我们不仅需要"老年大学"，其实正在工作的人也需要接受相应的在职教育培训。

对了，您刚提到家校合作共育，我非常感兴趣，具体是指什么？

朱永新：

"家校合作共育"是指通过建立和发展家庭、学校和社区多方教育主体新型合作伙伴关系，拓展教育教学资源和条件，影响并改善家庭、家教和家风，加强现代学校制度建设，促进社区和谐共生，实现家庭、学校和社区的协调发展，父母、孩子、教师等相关人员的共同成长。因此可以将"家校合作共育"的内涵归纳为四大方面：家庭教育指导、学校生活参与、家校互动沟通、社区融合协作。

"家校合作共育"的优势，就是能够实现家庭、学校、社区资源的共享互补，把有关各方资源进行多种组合，为学生成长提供更加宽广的空间与可能。

它的意义与价值在于，这是教育现代化、民主化、科学化的必然要求，也是教育和社会发展到当今信息时代的必然选择。作为儿童的监护人，父母原本就拥有教育权，这种源自"教育原始的委托者"身份的教育权，在工业时代才开始更多委托给学校行使。信息时代，随着对教育要求的改变，随着学校自身的改变，无论是自愿还是被迫，家庭都将越来越多地进行教育上的选择和参与。

麦克法兰：

家校合作共育的受益者只是孩子？

朱永新：

这是一个好问题。实际上，"家校合作共育"也给父母们提供了一个重要的学习机会和成长平台。社会化不仅是儿童的任务，成年人其实也面临着一个再社会化或者继续社会化的问题。美国社会学家 W·古德说过，在所有已知的人类社会之中，几乎每一个人都卷入了家庭的权利和义务的网络之中。人类社会的基本关系是家庭关系。家庭在儿童社会化的过程中起着重要作用。家庭中的夫妇关系、亲子关系、同胞关系往往是社会上各种人际关系的折射。如果儿童能够比较顺利地学习如何处理家庭关系的艺术，未来他就能够比较好地适应社会生活，与领导、同事、朋友和睦相处。对于中国的许多家庭来说，教育意味着未来。父母参与子女的学校教育本是其权利、义务与责任，参与过程是父母树立权利意识和责任意识的过程。在"家校合作共育过程"中，通过沟通、协商、妥协解决冲突的过程本身就是民主的过程。民主与法制意识的启蒙与觉醒，有助于父母积极地投入社会政治生活，从而促进社会的进步。家庭、学校、社会以孩子为纽带，通过合作共育紧密地联系在一起，就能够为构建和谐社会、过一种幸福完整的教育生活奠定坚实的基础。而幸福和完整是"家校合作共育"的根本

126

方向。 教育的一个很重要的使命， 就是帮助人成为他自己。
实现自己的梦想， 是一个人最幸福和快乐的时刻，这就是完整
的幸福。 新教育实验提出，让家庭、学校、社区成为汇聚美好
事物的中心，让所有的人在学习与成长的过程中找到自己、发
现自己、成为自己。 挑战未知、合作学习，本来应该就是非常
幸福的。 所以，家庭和学校、社区，都应该努力创造让孩子幸
福成长、快乐学习的环境，让教师和父母能够体验职业尊严和
责任使命的环境。 为此，"家校合作共育"要秉持着目标一
致、地位平等、尊重儿童、机构开放、方法多样、长期坚持、
多方共赢和跨界协调的原则。

麦克法兰：

那"家校合作共育"是否需要一定的平台和载体？

朱永新：

肯定是需要的。 这些年以来，新教育都在进一步搭建合作
平台、拓展共育空间、畅通交流渠道。 家校之间坦率而又真诚
的交流，充分而又对称的信息分享，经常性的联系，是良好的

家校合作关系的基础。 而目前家校沟通的渠道主要有：家校读物、微信群、QQ 群、家校互访、家校叙事等。

麦克法兰：

您提到了新教育，能否详细阐述一下这个新教育的理念和方式具体是什么样的？

朱永新：

新教育最根本的理念是过一种幸福完整的教育生活。 也就是说，首先，参与到教育生活中来，从学生、父母、老师到校长，大家都应该是幸福的，因为教育本来应该是一件幸福的事，教育本来应该充满着智慧的挑战，充满着合作。 第二，教育应该是完整的，完整的教育应该帮助人成为他自己。 教育之所以存在是因为它最重要的功能是帮助他人成为最好的自己。 我们现在的教育更多是用统一的大纲、统一的考试，把本来不一样的人培养成一样的人，这样的方式是错的。 所以新教育的理念就是过一种幸福、完整的教育生活。

学校应该成为汇聚美好生活的中心，学校生活的完整性和丰富性会直接导致个人生活的完整性和丰富性，因为他（学生）可以从中发现自我、找到自我、成就自我，所以我们新教育做的这些课程、行动，就是围绕这个理念展开的。

亲子师生共读共写共赏是新教育实验的另一重要特色。 新教育实验"共读共写共同生活"理念本身就体现家校合作共育的理想，只有共同阅读才能拥有共读的理想与愿景、共同的语言和密码、共同的价值和追求。

麦克法兰：

什么才是新教育实验注重培养的方面？

朱永新：

我们新教育实验专门研发的新生命教育课程中，就把学生的职业能力作为一个最重要的要求。 除了解决学生的安全与健康、价值与信仰相关问题以外，我们特别注重学生职业能力的训练。 我们的学生职业能力训练包括两个方面，一个是学生基本的人生态度，良好的行为习惯。 包括交往的艺术，和人相处的艺术，包括理想、信念，这些都是从事职业生涯必须准备的东西。 另外一方面就是对各种职业本身的认知、熟悉和理解。我们提出要让学校成为汇聚美好事物的中心，让学生去遭遇不同的美好，所以我们在生命教育课程中让学生从小学就开始体验各种各样的职业，了解各种各样职业的特点，了解自己个人的能力，以及自己个人的兴趣所在，也就是帮助学生能够逐步的找到自己，逐步的发现每个职业的特点。 所以，总体来说，虽然我们不是把职业教育作为所有学生的最后目标，但学生最后毕竟要走向社会，学校还是要为各位学生进入各种各样的职场做好帮助。

按照新教育实验的生命叙事理论，每个人都是自己生命故事的主人翁，也是自己生命故事的作者。 能否把自己的生命写成一部伟大的传奇，在很大程度上取决于我们能否为自己寻找人生的榜样。 父母、教师也应自我反思并不断地自我提升，努力为孩子和学生做好人生的榜样。 孩子是最伟大的观察家，他们一直在观察着成人的行为，考量父母和教师的言行。 发挥榜样示范引领作用，其实就是要求家校合作共育的多方一起成长，在为孩子做榜样的过程中提升自己、完善自己、成就自己。

同时，新教育实验始终把家校合作共育放在重要位置，2004 年，就明确把"优化家校合作"作为新教育实验的重要项目。 这么多年来，家庭教育作为教育的重要组成部分，也得到全社会的重视。 可以说注重家庭与家庭教育，离不开家校合作共育。

生命教育是新教育实验着手研发的课程。 课程将把安全教育、健康教育、心理教育、生涯教育、信仰教育等有机地整合起来。 你认为有必要开设一门这样的系统课程吗？ 英国有类似的吗？

麦克法兰：

首先，英式教育大致包括三个阶段——分离期、过渡期和再融入阶段。 在寄宿学校，孩子主要经历的是过渡期的不平等阶段（初中和高中学生地位差异很大），这也是他们学习如何适应未来成人社会的主要阶段。 在寄宿学校，孩子们被隔离于世界之外，在我那个年代，寄宿学校的生活艰苦、毫无自由且充满体能挑战。 在校期间，我们被剥夺了个人空间、隐私、食物、安静、休闲、女孩、健康和财富等全部自由。 所以当我们一进大学，所有这些自由又被重新恢复的时候，我们真的心怀感激，连看待世界的态度都不一样了。 从寄宿学校，我们就开始拼命往上爬。 学校教导我们，生活是一场翻山越岭的斗争、一场比赛、一场战斗，一场我们必须赢的竞赛。 换句话说就是，来到寄宿学校后，我们由最初家庭中人人平等、无须付出就被宠爱的一员，变成了一个充满等级差异的社会中一员。 在经历过渡期后，我们又被社会重新接纳，成为平等一员，而实现这一转变的关键就是获得大学学位。

寄宿教育可以说就像一个精心设计的游戏，将平等变成暂时的不平等，在那里你会学会了人生的各种游戏规则，如果最后能从游戏中脱颖而出，或许你就能变成更强大的玩家，在更广阔的世界里闯荡拼搏。

此外，学校还会通过宗教活动对学生开展人生教育。例如，学校举办大量布道活动来引领学生的精神生活，让我们学会相信人类精神的价值，思考生命的意义等等；让我们通过行动而不是口头训诫来传播基督教价值观；让我们学会懂得爱、希望和好善乐施，学会即使在没人的时候，也要诚实地做"微小、不被记起的善举"。概括起来，其实就是两个方面。首先，我们接受的许多价值观或者设定的各种目标彼此间可能会发生冲突，这就要求我们具备更强的判断力和辨别力。第二，我们无时无刻不在各个地方、以各种形式学习各种能力。

麦克法兰：

您的新教育实验进行了多久，成效怎么样？

朱永新：

（新教育实验）做了 19 年，从 2000 年到现在。 从 2000 年开始每年召开一次新教育年会。 现在中国除港澳台地区外所有省份都有我们的实验学校，总共 5 千多所，有 570 万学生和师生参与这个实验。 这个实验不是颠覆型的，它的核心理念是让教师和学生过一种幸福完整的教育生活。

具体而言，首先是让孩子享受学习的过程，在学习过程中感到一种愉悦，因为我们一直认为人在自由、愉悦的心态下才能更有效率。 人的身心体脑是一个整体，每个人都有他的潜能，上帝让每个人来到这个世界的时候，都是不一样的，所以我们认为最好的教育就是帮助每个生命成为最好的自己，把自己的个性、潜能充分张扬出来。 因此在教育的过程中，我们提出要让学校成为汇聚伟大事物的中心，把最美好的东西让学校通过各种方式传递给孩子，让学生在这个过程当中去寻找、去发现自己，这是一个和伟大相遇的过程。 在不断寻找自我的路上，有的孩子发现了艺术的才华，就可能想往艺术方向走；有的孩子具有科学的探索研究能力，就往科学方向走；有的孩子具有领导才能就往领导组织方向走。 之前我参访了两所学校，在学校小学就实行走班制，可以让学生选择不同的课程，以便他们在不断尝试中找到自己的兴趣点和潜力，从而为成为更好的自己而努力。 总的来说，新教育课程目前在中国不是颠覆型的，而是理念引导型的，我们还有一个课程体系。

新教育之"新"，在于不断推陈出新，注重把握三个自我创新，推动新教育工作发展提升。 一是道路的自我创新。 要坚持理论与实际相结合，着力构建开放的新教育理论，坚持走理论联系实践的道路，不断地接力、传递、坚守、建设、传承、创新，实现新教育的理想。 二是行动的自我创新。 在教育中要特别强调行动的力量，从营造书香校园、师生共写随笔、聆听窗外声音、培养卓越口才、构建理想课堂到推进每月一事、缔造完美教室、家校合作共育等等方面着眼，针对现实的教育问题设计具体行动。 三是文化的自我创新。 要贯彻落实《关于实施中华优秀传统文化传承发展工程的意见》，加快教育理念、内容、过程、方法新的变革，推动新教育事业的繁荣发展。 新教育人要有匹夫有责的文化自觉，要有舍我其谁的教育担当，要以培养扎根中国、面向世界、引领未来的人为使命，以培养新教师、新父母、新孩子为使命，通过新教育的不断自我探索，走出一条不断进取、不断创新的教育之路，为新教育实验书写精彩的历史篇章。

麦克法兰：

新教育实验有某个特殊的实验地吗？

朱永新：

我们在全国有很多的"实验地"。大约有 160 多个中国的县区级教育局与我们合作建立了新教育实验区。您经常去的四川，就有成都武侯、绵阳北川以及阆中、攀枝花等新教育"实验地"。那我具体就举一下北川这个例子。北川，就是位于汶川大地震的震中地带。大地震前一周，北川教育局局长尚勇带队考察新教育实验室，决定整体加入。没有想到，刚回北川，就在大地震中牺牲了。地震发生后的第一时间，新教育团队赶到现场，加入了灾后教育重建工作。在主题为"新北川·新生命·新教育"的 2017 年新教育实验区工作会议上，来自全国 20余个省、自治区、65 个新教育实验区 700 余名代表相聚在北川，共同分享新教育区域推进实践成果，交流新教育经验，共谋新教育发展。我在这次会议上发表过一个讲话，其中说到，"在我心中，北川，是全国最特别的一个新教育实验区，因为北川与新教育实验的情缘，特别厚重。 在北川新教育人身上，特别突出地呈现出了新教育人的一些普遍具有的精神。"

当时，新教育在北川，已经走过了 8 年。 这 8 年中，北川新教育，是在北川新教育同仁以其特有的坚韧与不屈，生长起来的。 北川新教育从一片废墟上的几粒种子教师到全县教师普遍了解与认同，从几所学校最早参与到全县 43 所中小学幼儿园整体加入，从民间行动到政府行为，一届接着一届干，8 年坚持不间断。 其中，绵阳市中小学校长和骨干教师培训把新教育实验内容作为重点培训课程，被学院誉为"最受欢迎、最能产生共鸣的课程"，先后接待了来自省内外的参观考察团队 40 余批次，成为传播新教育的西部重要窗口。 可以说近年来北川教育事业取得了不菲的成就，值得给予充分肯定。 像北川这样的试验区有很多，我们也相信以后会更多。

第四辑
艺术与体育

　　艺术与体育的教育，不仅仅是一门技能，它们更会让一个人变得有灵性，会让一个人成为真正完整意义上的人。 过去，我们往往把艺术和体育看成是一门技术，如美术课、音乐课、体育课等，这样就窄化了艺术与体育教育的功能。 我们学习的，更应该是艺术与体育的精神、情怀与创造力。

朱永新：

根据您的经历，您认为中小学艺术教育究竟应该教什么？音乐、绘画、戏剧等对学生成长有什么作用？英国的学校都是怎样开展艺术教育的？

麦克法兰：

在英国，通常父母和学校会通过培养孩子们绘画、手工、舞蹈和戏剧等各种富有表达功能的兴趣爱好来引导他们表达自己的情感和思想。这些能力的培养也体现在正规教学课程中，涉及阅读、写作、算术和语言中符号系统的应用。虽然我在这些艺术和表达方面并不出色，但在学校也学过绘画、音乐、舞蹈和戏剧，可以说它们极大地丰富了我的生活。在培养这些技能上，英国的学校和家庭并没有硬性区分——例如，我的父母也曾鼓励和培养我掌握这些技能。不过，主要还是学校在起作用，学校在帮助我们培养这方面的兴趣爱好。

有意思的是，我完全不记得那些艺术课是在哪里上的，如何上的。我人生各阶段的学习并没有为艺术鉴赏打下基础，不管是在寄宿学校还是在家的时候，我都没主动提出过想去参观画廊或欣赏画展什么的。 我一直认为自己在形式艺术方面没有鉴赏力，或许现在终于找到原因了。

其实我们从幼儿园阶段就开始学做手工了。 我记得我曾在龙校的木工房里学习锯木头、做接缝、建造摇晃的书架和烤面包架。 我可能也学会了缝纫和编织——尤其是法式针织，因为我现在居然还能织一管羊毛线。

至于音乐，龙校并没有任何关于我学习音乐或唱歌的成绩单。 这也印证了我没有正式地学习过音乐，我不太确定是我自己要求如此，还是我父母觉得这种花费不必要。 但音乐的学习并不仅仅局限于学校，除了学校正规的音乐课和歌剧课程，星期天在新厅和各种教堂的各种礼拜仪式上也有唱歌活动，我觉得这是另外多种形式的音乐学习。

其实，童年的信件记录过我经常去音乐俱乐部，在那里，我们坐下来一起听唱片。 男孩可选择自己想播放的唱片。 这里音乐作品类型多样，不乏经典代表作。 记得俱乐部在学期末还有一个关于"凤梨波尔组曲"（Pineapple Poll）的小测验，这是一部由英国著名作曲家阿瑟·沙利文作曲的芭蕾舞组曲。 另外，我还是"歌手俱乐部"的志愿者。

我记得我们在龙校虽然只是敲敲勺子和棍子，但那些"组合乐"给我们带来了极大的乐趣，陪伴我们度过了很多美好的夜晚。 在学校舞蹈课上，我接触到了苏格兰和爱尔兰音乐的节奏和曲调，在那里我们听到了许多著名乐曲，也第一次听到乡村和西方音乐，以及南美洲令人兴奋的节奏，那真的是一种奇妙的体验。

学校还有各种各样音乐会。 一种是由专业演奏者演奏的，另外每个学期还有各种男孩和老师举办的"家庭天才"音乐会。 偶尔也会有特别的音乐会，比如学校邀请天才音乐家来做独奏会。

表演在龙校很重要，最引人瞩目的是每年冬天上演的吉尔伯特和沙利文歌剧，以及每年夏天上演的莎士比亚戏剧。 我记得自己参加过五部吉尔伯特和沙利文歌剧表演，这对我产生了深刻的影响。 它们把我带进海盗、船夫和日本天皇的想象世界里，增加了我对音乐的乐趣。 当然，歌剧中的笑话和文本也教会了我很多关于英国阶层、政治和法律体系的知识，甚至是英国的美学体系知识。 此外，我和母亲也针对表演水平展开争论，在多次争论中我可能表现得有些自命不凡——至少过于维护我的学校了。

学校还教我们如何在学校聚餐和集会上正确地坐和站。 整个身体的训练一直是整个社会中人类学习和追求的重要方面，我认为很有趣。

上述的这些都是我学生时代关于艺术类学习的一些例子，总的来说，我觉得艺术类教育非常重要，很像您之前提到的人所发展需要的"核心素养"。 英国学校的这类教育并没有硬性被分离出来，而是被融入了各种活动和环节之中。音乐、戏剧和辩论在中国教育里处于什么位置？相关的艺术教育比重大吗？

朱永新：

其实在中国古代，音乐、戏剧、辩论，就是中国古代"六艺"内容的一部分，可以说在教育中起到了比较重要的作用。但是，从总体上来说，还没有引起足够的重视，没有形成比较好的教育传统。

以辩论为例，在中国古代书院，最重要的学习形式就是自学、辩论和教师的答疑。包括中国的佛教教育，如藏传佛教，教育的最主要形式也是师生之间、学生之间的相互辩论，它对激发学生的思维能力具有非常重要的作用。

对于音乐、戏剧等艺术教育而言，艺术本身就是教育的一个非常重要的内容。我们新教育实验在之前召开的新教育年会上就提出"艺术教育成人之美"的观点。也就是说，真、善、美是一个人发展的三个重要支撑，如果一个人离开了美，离开了艺术，生命就不完整，不是我们提倡的"幸福完整"。

艺术不仅仅是一门技能。过去，我们往往把艺术看成是一门技术，如美术课、音乐课，这样就窄化了艺术教育的功能。

再加上这么多年来，艺术教师的短缺，以及整个高考制度的限制——因为艺术教育在高考的时候，起不到多大的作用，加不了多少分，所以很多学校不重视艺术教育，连音乐课都不开了，戏剧就更不用说了。这样一来，学生艺术的知识、艺术的能力、艺术的精神都受到很大的限制。

我们认为艺术教育不仅仅是美术、音乐，它应该是艺术的精神、艺术的情怀、艺术的创造力。艺术会让一个人变得有灵性，会让一个人成为真正完整意义上的人。同时艺术教育和智力教育是相辅相成的，很多心理学家通过研究发现也证明了这个论断。所以这几年来，我们一直呼吁中国能够加强艺术教育，加强音乐、戏剧、绘画、雕塑等各种各样的艺术样态，让人成为一个艺术的人。我觉得这是一个很值得我们关注的问题。

现在，中国的艺术教育比较功利化。父母们让孩子去学习艺术只是为了获得考试的加分，在一些学校里艺术课程也被边缘化，对此您怎么看？

麦克法兰：

中国有悠久的书画传统，所以如果父母对孩子接受艺术教育兴趣不大，这对孩子来说有些可悲。不过在中国学校参观时，我确实记得有很多书法和艺术课。 一定程度上可能很难说服中国父母鼓励孩子学习艺术，但在我看来艺术教育真的很重要。 我在寄宿学校接受艺术教育（以及学习手工课）长达十年，尽管我在艺术上没太有天份，但我可以看到艺术教育的价值。 所有学校都应该有一个专门的艺术学习区域，并配备良好的师资和教材。 如果将艺术教育与更现代的交流形式相结合（例如，学习制作动画/卡通片，电影），中国父母和孩子可能会发现艺术不仅是一种古老的交流形式，而且对我们日益发展的视觉文明至关重要。 当下中国的艺术教育您觉得存在哪些问题?

朱永新：

最首要的，可能就是现在艺术教育目标越来越功利化了。中国现行的普通中小学艺术教育的功利色彩太浓重了。 学校里的艺术教育只重视少数尖子生、特长生，把应该普遍提升的艺术素养、普遍培养的艺术思维，变成少数人的专利，名为素质教育的成果、实为应试教育的遮羞布。 在家庭教育中，父母们为孩子报各种各样的艺术辅导班，美其名曰是艺术教育，事实上为加分而艺术，为攀比而艺术。 学校和家庭打着艺术教育之名，行着"反艺术"之实，艺术教育异化严重，和艺术精神、幸福完整等目标背道而驰，结果是用艺术杀死了艺术。 艺术教育内容也越来越庸俗化。 现在的艺术教育中，多数都忽略了对中华优秀传统艺术文化的挖掘、继承与发展。 一方面是因为学生的生活被流行艺术包围，对影、视、歌星感兴趣，普遍与民族艺术、高雅艺术距离遥远，因而缺乏兴趣。 另一方面，我们在以优秀传统文化为内容开展艺术教育时，重点也放在了知识、技能的训练上，忽视了审美意识的培养，忽视了鉴赏美、表现美、创造美的能力及创新能力的训练。

麦克法兰：

的确，当下中国学校的艺术教育目标与我小时候学习艺术的目的不太一样。 我记得在我小时候学校会有舞蹈课，一提到跳舞我就很有热情。 记得学校当时每周六晚上都有自愿参加的舞会，很受学生欢迎。 学校也会每年举行一次舞蹈比赛。 记得当时我们主要学习的是苏格兰乡村舞和英国交际舞，有时还有拉丁美洲或美国风格的舞蹈。

我觉得舞蹈是一种非常有趣、有意义的交流方式。 跳交际舞让我了解到男女双方在互动时的角色差别，跳舞时，一方主导，另一方被主导，一推一拉之间演绎了主动和被动的角色，实在有趣。 在寄宿学校舞会上，偶尔有人和年纪小的男生跳舞，小男孩流露出来的一丝羞涩，让人着迷，这也给跳舞增添了一种特别的吸引力。

年幼时我们所学的舞蹈，以及对舞蹈的重视，也呈现了我们日后要进入的真实社交生活的模样。因为初出茅庐，我们需要借助跳舞这种交际方式进入当时的中产阶级，走进他们的圈子。虽然这个圈子目前正在消失，因为现在很少有机会再用到这些交际方式了。

到现在，我都认为会跳舞非常重要，至少是在除了骑自行车、游泳和跑步之外，练习平衡和举止仪态的重要手段。对男孩来说，这种仪态的教育相当于女孩们所上的芭蕾舞形体课。

朱永新：

您说得很对，而且除了功利化之外，我们的艺术教育课程也被边缘化。现在艺术课程在学校教育教学中处于弱势，甚至可有可无。许多学校的艺术课程已沦为名符其实的"杂课"和"副课"，处于可上可不上的边缘状态。而且在应试教育"唯分数"的指挥棒下，所谓语数外等"主课"进行题海战术的训练，需要大量时间，艺术课常常是最先被"掠夺"和"侵占"的对象，以至于很多学校出现"阴阳"课表的现象，即在正常教育教学过程中制作出两套课程表来使用，一套课表用来应付教育部门检查，另外一套课表用来实际安排上课。 这样应付检查的阳奉阴违，最直接损害的是本就相对薄弱的艺术教育。 目前，其实艺术教育课堂也呈现非常单一化的现象。 普通艺术教学模式死板、形式单一、内容陈旧，加之教师或者备课不认真、或者业务素质所限，导致课堂上应付和随意的成分比较大，因此根本无法激发学生的艺术兴趣，当然更谈不上培养学生的艺术爱好。 学生对这样的艺术教育普遍兴趣不高，这也反过来减低教师的工作兴趣与乐趣，从而让本就偏少的艺术教育课时成效更低微，也就更加难以调动相关的所有人对艺术教育的学习热情与创造精神。

麦克法兰：

如果现实是这样，长期下去会造成不可弥补的恶性循环。

朱永新：

是的，目前中国的艺术教育常常都是用成人的感觉、视野、思维和方法，来"越位"和"代替"儿童过一种非儿童化的艺术教育生活，其目的根本不是培养孩子的艺术兴趣和天赋，而是关注其能否过级拿奖；更不是培养孩子们发现美的眼睛和耳朵，而是用艰深的技能"恐吓"孩子等等，这样下去必然会使儿童的艺术教育生活被扭曲，甚至被肢解。 到那时，艺术也就真正远离了儿童。 正如苏霍姆林斯基所说："儿童时代错过了的东西，到了少年时代就无法弥补，到了成年时期就更加无望了。 这一规律涉及孩子精神生活的各个领域，特别是美育。"孩子们的艺术教育也正是如此！

麦克法兰：

如果您现在所说的是目前中国艺术教育的整体情况，那农村呢？ 农村艺术教育的开展是不是会更加艰难？

朱永新：

目前中国艺术教育最严重的一块短板，仍然是在农村。 思想观念落后，物质资源匮乏，艺术教师欠缺，农村学校的艺术教育可谓步履维艰。 之前有关调研统计数据表明，农村中小学艺术教育课程的开课率非常低，小学一至五年级徘徊在50%左右，六年级基本不开；初中一、二年级不足40%，初三基本不开；高中则低于 20%。 根据哈尔滨师范大学艺术学院教授马卫星等 2009 年到 2010 年对黑龙江省部分农村中小学进行的调查，没有音乐教师的中学占 40%，没有音乐教师的小学占 30%，在调查学校 60 名小学音乐教师中仅有 9 名专职音乐教师，占 15%；20 名农村中学音乐教师中，专职教师虽然占 80%，但其中 39.6% 为非音乐专业毕业。 另据扬州大学艺术学院音乐研究所副所长杨殿斛 2012 年对贵州省黔南布依族苗族自治州进行的调查，全州 1477 所中小学仅有 555 位音乐教师，几乎是 3 所学校才有 1 位音乐教师，而且大多集中在县城及条件较好的乡镇，偏僻的乡镇特别是村级小学几乎没有音乐教师。 在许多农村中小学，不仅音乐师资匮乏，而且大多没有任何乐器，更没有专用的音乐教室。

怎样解决这些问题，让艺术教育得以正常开展？ 如何借鉴国外艺术教育的先进经验，缩小中国在艺术教育上与发达国家的差距？ 这是摆在我们中国教育工作者面前的重大课题。

麦克法兰：

其实，就我的观察来看，目前在世界范围内，艺术课程的设置主要采取两种方法：一种是设置音乐、美术、戏剧、舞蹈等分科课程，如美国研制公布的《艺术教育国家标准》包括四门艺术学科：音乐、舞蹈、戏剧、视觉艺术；澳大利亚制定的《全国课程规划》中包括视觉艺术、音乐、舞蹈、戏剧、媒体艺术五项艺术形态。 另外一种是设置综合音乐、美术、舞蹈、戏剧各门类的艺术课程。 似乎在中国，音乐课和美术课是学校开展艺术教育的最基本的两种形式，单独的综合性艺术课程一直少见。 您怎样看待这种现象？

朱永新：

其实在 2001 年，中国教育部公布了一些决定。 按照决定里的要求，在具体实施的过程中，各地区各学校可以根据实际情况，对三个课程标准进行选择。 其中，决定里强调美术课程标准与音乐课程标准必须同时实施，艺术课程标准则可以单独实施，不必再开设其他课程。 我想现今中国多数都是单一的音乐和美术课而缺少综合类艺术课的原因，正是因为一定程度的行政决定。 其实现在在新艺术教育的需求和要求下，作为学科意义上的艺术课程，势必会与其他学科共同构成基础教育的学科体系。 在国家的课程标准框架下，目前新艺术教育对以美术、音乐两种分科课程和综合艺术教育课程都进行了一些探索。

新艺术教育中的音乐课程主要是以感受、表演、创造为基本活动的一门课程。目前我们在音乐课程方面进行了一些初步探索，比如海门实验区研发的百首名曲课程，根据不同年龄孩子的身心发展规律和不同音乐类型的风格特点，遴选出一批风格迥异的名曲，充分运用视频、录音等各种现代教育科技，通过聆听、演奏（唱）、解析等多种方式，让学生有规律、有体系、有兴趣、有质量地走进音乐，发展所有学生的音乐潜能。

而美术课程则是以对视觉形象的感知、理解和创造为特征的一门艺术课程。有专家学者指出，美术的潜能是最容易随着年龄而丧失的。我们认为，美术课程的探索应该朝着创作、欣赏、文化这三大领域齐头并进。目前我们主要开发了百幅名画鉴赏课程。通过欣赏评述、创意性临摹等多种手段进行赏析，"叫醒"儿童的眼睛，开发儿童的想象，发现自我的世界，获得观察、理解、创造的思维方式和能力，实现由"入画"到"出画"的转变，提升儿童的美术素养，培育儿童的卓越人格，帮助儿童追求丰富而充实的精神生活，过一种美好、幸福、快乐的人生——审美人生。

而新艺术教育中的综合艺术课程则是指基于艺术学科与其他学科之间的相通性，将具有内在逻辑或价值关联的课程进行整合，使学生形成关于艺术的整体性认识的一种课程。综合艺术课程的特点也非常突出：在教学目标上，主要通过生动有趣的艺术活动来促进学生整体人格的发展；而在教学方式上，则注重不同艺术学科的融合以及艺术与其他学科的贯通；在教学内容上，主张信息多样化，拓展艺术视野，同时倡导从当时、当地、当人出发的高度个性化；在教学环境上，则是充分发掘学生的生活经验，利用社会社区的文化资源，来延伸和拓展艺术课堂的内涵和外延。

麦克法兰：

其实艺术课程并不需要仅仅局限于美术、音乐，学校也可以设置更多视觉方面的课程。 记得 20 世纪 50 年代，当时最主要的智能通信技术仍是书写文字。 那个时候在学校，几乎所有的教学都是围绕阅读与写作展开。 现在世界发生了巨大变化，我们获取的全部信息，有四分之三来自视觉媒体，如电视、网络、电影等各种媒介。 遗憾的是，现在还没怎么看到教孩子如何"读懂电影"或者制作电影（理解电影的最好方法）相关的课程。 我觉得学校应该设置解释视觉影像相关课程，无论是电影、电视或网络，教授创作电影的方法，不仅是教孩子们学习如何编辑拍摄与把电影放到网络，还要学会网页制作方法等。学生应该学习视觉媒体相关的各种技能，如电影制作、摄影、美术、绘画、设计等，我觉得这非常重要。

您刚刚所说的新艺术教育才刚开始起步，是否面临艺术教师紧缺的问题？ 因为如果没有好教师，孩子们也很难有好课堂。有什么好的方法可以解决吗?

朱永新：

这确实是个棘手的问题。可能首先我们需要创新艺术教育的课程样式。因为如果艺术课程自身不创新，艺术师资紧缺的局面很可能没有办法从根本上得到解决。因为艺术的形式那么多，再按照现在音乐、美术、戏剧等各自独立的艺术课程板块来进行教学的话，艺术教师无疑是永远不够的，学校也不可能为每一种艺术形式的教学去配备一名专业的艺术教师。所以，艺术课程自身的创新就显得尤为关键。用艺术课程创新来解决艺术师资的紧缺问题，应该是一条治本之策。

其次，可以由各教育行政管理部门牵头组建学区或教育集团，把辖区内所有的学校纳入学区或集团统一管理，把体制内的教师变为系统内的教师，并使系统内的人流动起来，打破原学校之间、教师之间的归属隔阂和限制。让老师变成属于学区整个集团管理的老师，而不再仅仅是某个学校的老师。这样，教育行政管理部门可以根据各学校的师资配置情况，合理调配，填平补齐。

当然，如果距离较近的各个学校之间，能自发组建教育共同体，那也会是一个非常好的解决方式。各学校可以根据师资情况，充分发挥各自师资特点，进行资源共享、优势互补。 每学期，各学校的艺术教师可以结合自己的艺术特长，针对其他学校教学的需要，轮流到各学校不同的班级去上课。

充分挖掘和利用民间的艺术人才资源，请他们担任学校的艺术教师，进入教室、进入课堂、进入课程，支援学校艺术教育也是目前很多北京的学校采取的方式之一。 在这些社会师资在开展正常的教育教学过程中，还可以通过"结对子"和"师带徒"等形式，指导和培养一批艺术教师，为学校艺术教育的开展储备后备力量。 我觉得民间的力量与学校相互结合，是一种优质的补充形式。

持续组织艺术专题的支教、实习活动也应该会是好的方式之一。 组织艺术教师以及艺术人才进行艺术主题的支教，能促进相关人才在城乡之间的交流；组织师范院校的艺术类学生、甚至艺术院校的学生进入缺乏艺术教师的地区实习，不仅能让艺术教师、专业人才在更丰富的教育活动中拥抱生活，开拓视野，也让缺乏艺术师资的地区能够在最短时间里开展艺术教育。 以海门新教育实验区的做法为例，海门会专门挑选出一位音乐教师、一位美术教师，让他们在全市的各所学校、尤其是乡村学校巡回开设音乐欣赏课、美术欣赏课，确保每个学生一个学期能够上最少一节高品质的音乐欣赏课和美术欣赏课。

我觉得上述的方法和方式，对于解决艺术类教师人才缺乏的问题，可能是有效的。 其实除了艺术教育，体育相关的教育越来越受到学校和社会的重视。 我们都知道剑桥与牛津的划艇比赛早在1827年就已经问世，现在也开始对中国的大学产生一定的影响，中国有一些城市的大学也搞起了划艇比赛。 你在书中介绍了剑桥的体育精神，认为身体的挑战与精神的挑战一样重要。 英国大学的体育，究竟是怎样开展的，就是以提供俱乐部的形式然后学生们自主选择去参与吗？ 学生参与的程度究竟如何？ 您认为体育对于大学究竟具有怎样的作用？

麦克法兰:

几百年来，体育运动和游戏一直是英国教育的核心部分。因为人们相信，你只有拥有"健全的身体"才能拥有"健全的头脑"。 只有身体健康，心理才会健康。 几个世纪以来，大学甚至各级的学校都引进了绅士运动，如骑马、打猎、跑步、击剑和游泳。 19世纪下半叶，在公立学校和大学的改革中，又增加了许多体育运动。 例如，剑桥首次制定了足球比赛规则，牛津和剑桥之间的年度划船比赛也是在那时开始的。

现在，女性也更多地参与到许多体育比赛中，大学和学院为了鼓励体育运动而提供了各种各样的体育设施。 同时教师也鼓励学生玩游戏和从事体育活动，来为个人或学校赢得声誉。

我从八岁起就开始积极参加体育运动，一直延续到我在牛津大学的职业生涯结束。 后来，我继续以比较温和的方式来进行相关的运动，例如在山上散步，钓鱼，还有游泳。 我认为体育和游戏使人能够更好地处理日常问题，也能让人从竞争激烈的社会压力中放松下来。

对此我也有相应的疑问，比如为什么在中国的学校和大学里，体育运动一直以来都没有被足够地重视？ 难道中国的教育学家们还没有意识到鼓励更多的儿童参与体育运动的好处吗？

朱永新：

的确像您所说的，在中国的大学，体育远远没有像西方大学那样受到重视。

我们知道，在西方的大学里面，工资最高的人是那些运动队的教练，招生进来的体育特长生也可以进入世界的各个名校。 但是，在中国大学里，体育竞技基本上还没有形成气候。因为中国大学没有重视体育的传统。 即使是中国古代的书院，也是把学术和道德放在首位的。 但是，最近这几年来，中国的大学也开始注重体育运动了。 包括像剑桥、牛津做的赛艇比赛那样，中国很多大学也开始做赛艇比赛、龙舟比赛。 前不久我刚刚看了在福建举行的中国大学的龙舟赛，那是富有中国传统文化特色的一种体育比赛。

现在中国的大学也开始搞足球、篮球等联赛了。越来越多的人认识到，中国的球类运动，如果没有大学生的参与，很难真正做好。过去大家没有把体育作为大学的主要任务，大家可能都认为大学是个传授知识，从事科学创造、科学研究的场所，所以对体育一直不是很重视。甚至，在很长一段时间内，体育好的人在中国经常被认为是"四肢发达，头脑简单"，在学习上往往是没有前途的。

我一直认为儿童参与体育是非常重要的，因为身体的运动和心灵的成长本身关系非常密切。我曾经专门写过一篇文章，讲的正是"理想的体育"。我觉得一个人的很多基本素质和品质，通过体育、通过竞技是可以得到磨练的。比如说竞争与合作、领导力、意志力等很多心理素质或者人的品质，是需要通过运动来磨练并形成的。所以运动对人的成长起着非常重要的作用。

您最喜爱的体育运动是什么？您从小就积极参与体育运动吗？您觉得该怎么样在中国大学里形成体育传统？

麦克法兰：

我小时候最喜欢的运动是足球。因为它需要强大的团队合作精神，只有与他人密切配合才能获胜，当然也需要一些个人天赋。 我从 3 岁起就开始和比我年龄稍大的叔叔一起踢球，一直踢到我 21 岁大学毕业。 从那以后，除了和孩子或是和朋友一起，我没怎么踢过球了。

我的另一大爱好是在英格兰北部和苏格兰钓鱼，主要是钓鳟鱼。 正如我的自传里提到的，在 12 岁至 25 岁之间，我沉迷于钓鱼，这是一种极好的放松方式，像禅修一样，平静而专注。 我钓鱼的爱好一直持续到三十多岁。 现在我经常散步，喜欢园艺和瑜伽，可能也是因为年龄渐长的缘故。 我们有句谚语："健康之精神寓于健康之身体"，即运动是保持健康的绝佳方法。

鼓励大学建立运动传统，这显然非常重要。 我多次到中国大学参观，发现那里的体育设施不是太少就是种类有限。 剑桥的 26 所学院都有宽阔的运动场和各种各样的球场，还有可以划船的河。

在我访问的中国中小学学校中，设施缺乏的问题非常突出，通常整个学校只有一个中等规模的区域。 没有足够的运动场地，可能因为土地成本在大城市确实是个问题，因此地下运动场设施可能更适用。 除非孩子们在中小学就热爱运动，否则不太可能一到大学就热爱运动。 在我看来鼓励学校发展体育的一种方法是将一些体育技能纳入大学考核体系，这一直都是英国大学的特色。 我觉得中国也可以参照来实行！

我知道中国的竞技运动很厉害，但很多团队运动相对较弱，不知道您怎么看待这两种运动在中国的发展？

朱永新：

中国学校的竞技运动的优势项目，是与整个国家的体育运动相联系的。 比如我们在乒乓球、排球等一些传统的优势项目上比较领先。 但是，中国的体育运动有个很重要的特点，就是在个体的项目上相对领先，而在团体的项目上往往相对薄弱。所以中国人可能在合作上，竞争能力会差一些。 那种依靠身体的碰撞、激烈的竞争的项目上，我们力量还不够。 而在依靠智慧的项目上，相对来说我们还是比较领先，西方的一些传统的项目像高尔夫、网球，近年来中国的进步也非常之快……

其实体育运动的发展需要有两个条件：一是全民参与度。大部分人都来参与的项目，水准就提高得快。 比如中国的乒乓球，现在的水准就比较高；二是一个国家一个民族对自己一些特殊的传统的项目的重视。 但总的来说，重视各个年龄段的体育运动是绝对没错的。

第五辑
创新与未来

教育不是把知识从一个脑袋装进另外一个脑袋，而是培养真正的人的事业。 人生没有彩排，教师的育人过程也时时刻刻都是"现场直播"，很多因素是难以预料的，如何运用教育原理和智慧来处理各种偶发事件？ 没有创造性思维的教师是无法胜任的。

麦克法兰：

大学生就业难，这个在中国热议了十多年的舆论话题，一直持续在社会发酵。 面对日益攀升的毕业人数和竞争激烈的就业机会，不少中国学生戏称"毕业即失业"。 中国大学生就业真有想象中那么难吗？

朱永新：

大学生就业难主要有两方面原因：第一是他们自身的原因，找到工作但自己不想去。 第二是目前中国的大学教育在技能教育方面存在短板，培养出来的学生对社会的适应能力较差。 我认为，中国大学生就业难是结构性的就业难，并非真正意义上的就业难。 发达国家在制造业领域的高技能人才比重约为50%，而中国高技能人才只占5%，我们与发达国家之间10倍的差距恰恰说明中国制造业非常缺少高技能人才。 如果大学注重高技能人才的培养，那这个问题就迎刃而解了。 但事实上，中国传统型大学过去受计划分配的影响，在专业设置方面并没有调整到与当前的社会需求相一致，比如过去流行金融专业、文秘专业等，但现在社会此类职位已趋于饱和，因此不适宜继续开设此类专业。

在择业方面，许多大学生倾向于选择与本专业对口的工作，认为"学什么就要干什么"。 这种专业对口的概念应该逐步弱化。 从世界范围看，真正按照自己所学专业就业的人数大概是10%，也就是说，也并不强调就业时一定要专业对口，这个时候，是否具有适应社会和基本就业的能力就显得格外重要。 此外我认为，大学生不仅要争"饭碗"，更要学会制造"饭碗"。 这是一个创业的年代，大学生朝气蓬勃，有更多的知识和更开阔的视野，应拓宽思路，变被动为主动，积极投身于"大众创业、万众创新"的热潮，实现以创业完成就业。

麦克法兰：

中国高等教育出现的众多问题，越来越引起人们的关注。非常有意思的是，我记得2008年在中国最好的两所大学的网站上，"好事"的黑客竟然"多管闲事"地分别以两所高校校长的名义批评起中国的高等教育来。

2008年8月24日晚，一名黑客编造出了一篇清华大学校长顾秉林接受学生记者采访的新闻报道，在该"报道"中，"顾秉林"表达了他对现在大学教育状况的担心，"现在各高校，包括清华与北大在内，已经没有将培养人才作为大学教育的目标"。而在 2008 年 9 月 26 日深夜，北大的校园网上挂出了一篇名为"现在的大学校园已被侵蚀"的文章。文章以北大校长许智宏的名义批评了现行教育制度，称中国的高等教育体制改革势在必行，并提出"改革的重点"，其中包括"加强传统的道德文化教育""对以教授名义长期盘踞校园的无德无能之辈清理门户"等内容。事后，两篇校长报道均被证实是黑客所写。但是，这件事却引起了人们对中国高等教育发展的思考。朱教授对此怎么看？

朱永新：

应该说，这些年来中国高等教育的发展有了很大的进步，最显著的进步就是高等教育已经从精英化走向大众化。通过"211 工程"和"985 规划"等，高校的科学研究也有了很大的进步；通过教学评估和学科建设，高等学校的教学管理逐步规范，教学水平有所提升。但是，中国高等教育的发展还远没有达到令人满意的程度。从中国自己的研究机构进行的两项高等教育评价来看，中国高等教育的发展远不能与中国大国的地位相称。

上海交通大学高等教育研究院世界一流大学研究中心发布

过一份世界大学学术排名。 该排名列出了全球领先的 500 所大学，中国大陆的大学全都在 200 名之外。 其中，北京大学、清华大学、上海交通大学、浙江大学、中国科学技术大学、南京大学等六所大学排在第 201 ~300 名。 近年来排名有了较大提升，此外，2010 年 10 月中国社会科学院城市与竞争力研究中心发布了《中国国家竞争力报告》，该报告显示中国高等教育指数虽排在第四，仅次于欧美日，但指数值不及欧盟的 1/10，只有美国的 1/3。

中国教育整体水平不高，尤其缺乏具有世界一流水平的大学。 这两份报告既说明了中国高校在世界上排名太低，也说明了中国高等教育在世界高等教育中的地位仍然较低。 这无疑让我们对中国高等教育的发展充满不安。 而受到高等教育的人感受如何呢?《中国青年报》社会调查中心的网络调查结果显示，34.7% 的受访者在谈到自己的大学生活时，都觉得"后悔"。从中我们可以看出大学生对大学教育的失望。 其实，现在中国大学行政化较强，学校在经济和管理上不够独立，并且学术评估手段很单一，以论文为主，论文成为硬性要求，这就导致学术水平不高。 您有什么建议?

麦克法兰：

其实我对中国过去四十年，有一个大约的整体印象。 中国的大学取得了惊人的进步，尽管有人希望对其进行改进。 许多学校的硬件设施都很好，不过宿舍往往很拥挤，师生之间接触很少。

关于如何改进中国大学以使其达到西方最好水平，大概需要一本书来论述。 我的《启蒙之所 智识之源——一位剑桥教授看剑桥》一书提供了世界上最好的大学的样板。 书中解释了在大学建立较小社区——学院的重要性，指出既要关注学生在大学里的社会生活，又要关注他们的情感生活。 如书中所述，大学教师应该从工作中同时获得物质报酬和学术声望，而不是靠在教学之外获得资助或者赚取外快。 而师生之间建立密切关系也有巨大的好处。 大学存在的意义不仅是给学生灌输知识，还要激发想象力，促进身心发展。

院系之间的关系很重要。 自治也很重要。 我一直认为大学本身需要在不受外界压力的情况下进行自我管理，每个系和学院都应自行管理，剑桥就是这种情况。 我任教近四十年，都是自己统筹所有教学工作，安排考试，让我的学生和自己免受来自大学或政府中的官僚影响。 我理解，中国高校现在的状况，可能因为长久以来管理的模式和行政的因素造成的，但让学校自知应该是我们的目标。 在您看来中国大学存在哪些问题？

朱永新：

首先是大学的行政化比较严重。 中国的大学历来都是由行政部门来管理和主导，教育部和地方教育部门是大学的实际"主人"。 事实上，官办官管一直是我国大学管理的主流，行政权力长期充当着大学运行管理的主导力量。 很多时候对大学管得过死，使大学缺乏发展的自主权，束缚和限制了大学的健康发展。 同时，高校被分为副部级、正厅级、副厅级等，行政级别色彩极浓。 在大学里，行政权力过大，而学术权力没有得到应有的尊重，学术的中心地位、大学的学术氛围、学者做学问的兴趣都受到了影响。

其次，大学发展模式趋向太统一了，同质化现象严重。 综合性大学几乎成了所有大学发展的日标，学校特色不明显，学校间的界限也越来越模糊。 所有的大学千篇一律，用同一个标准去考核它们，就容易把本来具有无限发展可能性的各个大学用一个模子限制住了，这样就造成中国的大学非常的雷同，专业设置基本上所有学校都一样；而现在很多地方为了增强大学实力而合并了很多高校，往往抹杀了高校的专业发展特色，结果往往造成"1+1<2"甚至"1+1<1"的现状。 千校一面的发展趋势使中国高校在世界高等教育中缺乏特色和竞争力。 实际

上学校并非越大越好，大学应该是以专科、特色取胜，而不是以学科的众多取胜，有时候"小"的才是美的。

之前高等教育的"大跃进"也造成了一系列的问题。大学扩招虽然是适应了家长们的教育需求，但是，过快过猛的扩招速度带来的问题至今仍然消化不尽。中国的普通高校数量由扩招前的1022所，增加到2010年的2358所，短短12年间翻了一倍，这在世界各国都是少有的速度。学生数量剧增，生源质量下降，使高校教学质量难以得到保证；师资力量短时间扩大，带来了师资水平严重下滑的后果；校舍扩建给高校带来了巨额贷款债务压力，甚至使很多高校无法偿还，只好将精力更多用于创收，而在提高教育质量上难以投入更多精力。

而大学的课程设置和教师教学质量也存在诸多问题。例如大学课程设置过于随意，要么课程陈旧不适应社会发展，要么跟随着市场热点随时更改，既缺乏教学创新能力，又忽视合理的课程结构。我们现在的大学仍然还是把掌握课本知识作为教学起点，统一的教材往往死板僵化，而教师的教学则往往照本宣科满堂灌，让学生缺乏兴趣。

大学学术研究呈现虚假繁荣也是很大的一个问题。对大学教师的学术考核评价手段单一，论文成为最主要的指标，致使中国成为论文大国，产生了不少学术泡沫、学术垃圾，学术造假、学术腐败等学术不良现象也常有出现。

中国很多大学的人文教育和创新教育缺乏。所谓大学的人文教育，主要指的是大学本科阶段的通识教育。 中国的大学从第一年开始即进行专业教育，再加上高中阶段就进行文理分科和严酷的高考，可以说中国学生相对缺乏人文教育，专业教育至上往往导致人文素质偏低。 同时，中国大学生的创新能力动手能力相对较差，这也已经是人们的共识。

应该说，我们已经意识到了大学教育的很多问题，也在不断改进，向好的方向发展。 但短时间内，这些问题仍会存在。

麦克法兰:

中国政府实施了"211 工程""985 规划"，对一批高校寄予厚望，加大了教育经费投入。 但是，中国的大学距离世界一流大学还是有不少差距。 在您看来真正的世界一流的大学应该具备哪些标准?

朱永新:

我认为首先，世界一流大学一般情况下还是应以研究为主体的（一般的应用性大学没有被放到这个指标里），所以首先强调的是理论和技术的原创性，或者说创新能力，就是它对这个学科或理论有多大的贡献。 其次，要看世界一流大学的学生，也就是大学的产品的品质、就业率、社会影响力。 国外在评价一所大学时，很大程度上是看学校毕业的学生的平均薪资水平、就业率、受社会欢迎的程度、口碑等，所以说学生是一个非常重要的指标体系。 最后，要看学校对一个国家政策和经济的影响。 一所好的大学很重要的一点是它对国家基本政策的干预能力、影响能力和贡献能力高。 国家有多少重大的科技、经济、社会政策受到这所大学的研究影响，这是一个很重要的指标。

和研究型大学相对应，对应用型大学来讲，评价标准更多的是它们对经济增长的贡献，对整个经济社会发展的贡献能力到底有多大。 和这些指标相联系的，还有大学内在的指标，就是看一所大学里有多少大师，大学里多少老师是在国际学术组织中有地位的、有影响力的。 布鲁贝克认为，20 世纪 60 年代以来的美国大学"不仅是美国教育的中心，而且是美国生活的中心，它仅次于政府成为社会的主要服务者和社会变革的主要工具"。

您是怎么看待世界一流大学的？

麦克法兰：

在我看来，世界一流的大学在教学方面首先应该能为来自

171

不同背景、不同性别和不同经济水平的学生带来全面的、富有启发的、充满创造性的思想提升。 应该教学生如何思考和发挥创造力，当然也包括教授知识。 学生应该与老师建立真正的师生关系，课程结束时，学生心智应该有明显提升。 除此之外，还应该鼓励学生培养社交、艺术、体育和其他方面的才能，以增强他们的自信心。

而在研究方面，一流大学应鼓励所有教师甚至学生从事独立和原创性研究。 应该改进研究设备，推动研究成果的产出。不应只是重复别人做过的事，或设立过低目标，而应该发现从未被发现的新联系、新知识。 一流大学应以从智力、文化或物质上改善人类福祉为目标。 在这种情况下，应尽量模糊教学与研究之间的界限，因为这两者都是教授学生知识和帮助他们扩展思维的。 您认为中国的大学可以做到您刚才说的这几点吗？

朱永新：

我想我们的大学还远远没有做到这几点。 按照这些标准，中国创世界一流的大学还有漫长的路要走。 我们的差距主要在哪里呢？一个好大学，最重要的就是人才，主要包括两个方面：一是教师人才，一是学生人才。

首先要看能不能把全世界最优秀的教师吸引到我们的大学

里来。 梅贻琦先生说："所谓大学，非谓有大楼之谓也，有大师之谓也。"没有大师，大学是不可能成为一所优秀大学的。只要有好的老师，就会有好的学科，它的创新能力就强，它的学术贡献能力就强，这是一个重要的条件。 现在的问题是，最优秀的人没有进大学，社会上不少有研究兴趣，有研究能力，有研究天赋的人可能到了企业，到了政府，就是没有进入大学。 大学应该真正地能够吸引社会上最优秀的人才进入。 当然，有好的老师还不够，还要有好的学生，所以要看我们的高校能不能招到世界第一流的学生。 比如哈佛、剑桥、牛津等知名高校，它们就是把全世界最好的学生招来了。 现在的情况是，我国的大学连我们自己最好的学生都没有招到，很多最好的学生都到美国等地的高校就读了，甚至还有很多高中生没有参加高考就已先出国了。

同时，我国现在的招生制度也不能把最好的学生相对集中。 比如北大、清华在北京招生的分数比外地要低很多，这从另外一个侧面说明它们没有招到最好的学生。 因此，一所最好的大学，必须把最好的学生，而且必须是全世界最好的学生招来。 如果我们的北大、清华能把世界各国一流的中学毕业生招来读大学，就说明我们的大学有希望成为世界一流大学了。

麦克法兰：

近年来，新闻舆论非常关注中国深圳创办的南方科技大学。您怎么看待这所学校?

朱永新：

这个我有一些了解。早在 2007 年，深圳市作为全国著名的经济强市，面对着邻居香港只用短短十几年时间从无到有地创办出迅速成为世界一流大学的香港科技大学，决心仿照香港科技大学新建一所自己的一流高校。于是，深圳市开始了漫长的筹建之旅。

一流大学就需要一流校长。经过一年多的全球遴选，2009年 9 月中国科技大学前校长朱清时院士最终成为南方科技大学创校校长的最佳人选。2010 年 9 月 30 日南方科技大学校园建设正式开工，并开始了教师和行政管理人员的公开招聘考试。南方科技大学从此因国际化办学理念和"教授治校"模式而一直备受外界关注。然而，南方科技大学（以下简称"南科大"）筹办几年来，却充满波折。先是教育部迟迟不予正式批复，到

2010 年 10 月才勉强给予批复，但是由于南科大与中国目前的行政体制和教育体制不太一致，教育部只是批准筹建，而非批准成立。 在这种情况下，南科大为了赶时间，担心错过机会，在没有获得教育部批准招生的情况下，决定"自主招生""自颁文凭"。 在全国范围内自主招收 50 名首期教改实验班学生，并承诺如果学生最终不能获颁教育部认可的文凭与学位，南科大就自发文凭与学位。

因此，南科大除了"去行政化""教授治校"外，"自主招生""自颁文凭"也成了其改革的焦点。 首批录取的来自全国各地的高中学生，他们成了南科大的第一批参与改革实验的勇士。 2011 年 6 月的全国高考，这批学生集体弃考，决心跟着朱清时一起实验到底，成为媒体持续关注的热点。

麦克法兰：

可以想象南科大筹建时的艰难，不过建设一流的大学，也确实需要时间的积淀。

朱永新：

是的，但是如果我们给大学以宽松的政策和创新的空间，以及充足的经费，在短时间里建出一流大学不是没有可能。人们熟知的香港科技大学，拿一大笔资金办学，聘请来全世界的顶尖学者，正因为起点高，一开始就可以培养硕士博士，进行顶尖的研究，因此，只用了十年时间就发展成为世界一流大学，在很多方面，排名超过了北大、清华这样的百年名校。

当然，南科大的未来之路会什么样，还在发展变化之中。但是，无疑其代表了中国高等教育的未来发展之路。不可否认，中国的大学改革仍面临着艰难的处境。正如北大中文系主任陈平原教授所说："中国大学问题很多，北大也一样，好多制度性问题不是一下子就能解决的。你可能知道问题在哪里，但你一旦想改动，哪怕搬动一张桌子，都会涉及各种人的利益。找到一条对大家都好，没有人受损害的改革之路，几乎不可能。"但是，若产生世界一流大学，非要阵痛不可，否则，将陷入永远的平庸。我们应该放手让一些高校去追求梦想，为中国的教育改革探路，为民族的复兴探路，为建设真正的一流大学探路。

麦克法兰：

您认为中国最应该从哪些方面着手进行高校改革呢？

朱永新：

对高校进行"去行政化"的改革应放在首要的地位。 政府应该在高校中实行政校分开、管办分离，并逐步取消实际存在的行政级别和行政化管理模式。 取消大学校长和书记及学校各级管理人员的行政级别，改变大学校长由上级政府部门任命的做法，实行大学教授委员会选举校长的制度，并实行任期制。进而再实行"教授治校"，大学的行政管理人员，应该从教授中选拔，民主选举，校长任期结束后，回去继续担任教授。 这样既大大减少高校行政人员的数量，又提高行政人员的工作水平和服务水平。

麦克法兰：

"行政化"确实是目前中国高校存在的一个很严重的问题。我记得朱清时在当选南方科技大学校长之后曾说："办大学首先要去官化、去行政化。""创办一流大学所需具备的三个要素——追求卓越、学术自由、学者自律。"

朱永新：

    确实是这样。除了"去行政化"，加强对大学的分类管理也应该是很重要的一方面。中国的大学分类不是很清晰，对不同类型大学的要求往往是一样的。在我看来，公立大学应该分国立、省立、市立，民办大学应该分营利性大学和非营利性大学。公立大学就是政府的事业单位，是为老百姓提供公共产品的地方，经费应该由政府财政来提供支持，因此应是完全非产业的。民办大学里不营利的也不应该产业化，营利性的民办大学则可以走产业化道路。但是，大学的公共性、公益性还是其根本属性，这是办学者不能忘记的初心。此外，对职业院校、专科院校国家也要大力扶持，尽量减少综合大学的数量，加大发展社区大学的力度。在我看来大学本身也应该分类，应有研究性、教学性和技术性大学之分。

麦克法兰：

    是的，像北大、清华这样的学校，毫无疑问是以研究为主的大学，它们的方向就应该是理论研究，在一些重点学科上进行创新，走出去和世界上那些最好的学校、学科竞争。 而地方性高校，主要精力应该放在为地方的经济社会发展服务上，更多的应当是偏应用。 其他技术性和职业性大学，它的目的主要是培养有技术的高级工人，那么它的方向当然应该以技术操作为主。 因此， 对于不同的大学应该有不同的定位。

朱永新：

没错！ 或许， 政府也应该给大学放权，让大学真正享有办学自主权。 早在1999年1月颁布的《中华人民共和国高等教育法》里就明确规定，大学享有招生自主权，设置和调整学科和专业的自主权，教学自主权，开展科学研究、技术开发和社会服务的自主权，开展对境外科技文化交流的自主权，进行内部机构设置、评聘教师和其他专业技术人员和调整津贴和工资分配的自主权，财产管理和使用的自主权这七项办学自主权。 但是从实际情况看，大学获得以上自主权还是步履艰难的。

再者，大学要提高研究生教育的质量和水平。 研究生教育特别是博士研究生教育的质量，对培养优秀人才和杰出人才起着尤为重要的作用。 据华中科技大学教授周光礼的《中国博士质量调查》一书披露，46%的博导同时指导的学生超过7名，最多的高达47名。 该书还称， 当前大多数博士生称导师为"老板"，被导师当作廉价的高级劳动力。 60%的学生认为，他们承担了导师课题大半的任务，不少博士生成为给导师跑腿的高级劳动力。 我觉得研究生的培养制度改革应该引起重视。

麦克法兰：

我记得《中国青年报》社会调查中心曾经做过的一项调查，调查显示76.1%的人认为博士不是越多越好，博士生教育应回归精英教育。 我很赞同您刚说的这一点。

其实在我看来，任何的改革都需要有一个关键着力点，而我认为高考改革就是教育改革的另一个关键点，因为它既影响着基础教育的培养模式，也影响着大学生源的素质。 在我看来，要加快高考改革，大学必须尽快实行自主招生。 因为现行的高考制度在一定程度上造成了应试教育的弊端，这是高考存在的最大问题。 相对来说，它是比较单一化的人才选拔方法，忽视了多元化，忽视了地区间的公平性，也忽视了一些特殊人才。 对一些拔尖的、特别优异的怪才和偏才缺乏有效的选拔方式，导致这些人才很难被发现，而这些人才往往是很有创造性的。

另外，民办高校也应该被大力扶持。 中国的公办教育过于强大，却没有给民办教育以更大的发展空间和机会。 事实上，在我看来中国的民间资本还没有真正进入教育领域。而英国的民办高校最初就是在公办高校为主导设立二级学院和独立学院的政策下发展起来的，因此，看起来中国的民办高校发展受到很多制约，所以目前很难壮大。我认为没有民办高校的真正崛起，中国的高等教育是走不远的，中国也很难办出像哈佛大学、牛津大学那样的世界一流的私立大学。而对于教育经费投入不足的发展中国家，更应该吸引民间资本进入高校领域。

中国的大学改革势在必行，因为这既是中国社会经济文化发展的需要，更是中国科技发展的需要。杰出人才的出现，与大学改革密切相关。因为只有有了杰出的世界一流的大学教育，才可能有世界一流的杰出人才涌现，中国的科技创新和国家发展才有希望。

朱永新：

是的，但要建立起这种大学，我们需要法律制度的保障，而目前中国的教育立法明显滞后于教育实践。现在大学的许多问题没有法律可依，早先制定的《高等教育法》基本不能用了。所以，应该加快教育立法，《高等教育法》的修订是迫在眉睫的事。

此外像您所说，我们还需要民间资本的介入。现在的民办大学是依靠自己的积累滚雪球一样发展起来的，从一开始就多少带有逐利性。中国目前还没有一所真正的像哈佛这样的民办大学——是完全依靠民间资本，而且不以营利为目的，是抱着理想、抱着情怀和愿景来办的理想的大学。

麦克法兰：

鉴于各国政府控制知识分子和思想的想法，朱教授认为中国如何才能使其大学在财政、政治和心智上更加独立？

朱永新：

对知识分子的态度，各个国家应该说并不一样。

中国古代一直倡导尊师重教的传统。当代中国政府也一直倡导尊重知识、尊重人才、尊重知识分子的独立人格，这是从国家的基本政策来说的，应该没有问题。但是从总体上来说，中国的大学还是以公办大学为主体，都是由国家财政或者是地方政府的财政来支持的，所以在政治和制度上的独立性，还是会受到很大的限制。

国立大学因为基本上都属于教育部直接管，要完成教育部所布置的各项工作各项任务。 地方大学一般都是由地方政府来投资，所以它要服务于地方的经济社会发展。 国立大学和地方大学都要服从整个国家的经济社会发展的大格局，这是天经地义的。

我相信，美国的大学其实也很难做到政治上的独立。 就像中美贸易战以后，美国那么多的大学驱逐中国学者，把中国学生都看成是奸细、敌人，有一些知名的大学，今年一个中国学生都没招……像美国这样高度自由的社会，其实也是受政府的管控，也很难做到真正意义上的独立。

当然学术自由的独立精神是大学的生命。 中国现代大学的创立者蔡元培先生就非常主张大学自由，认为大学要有自由的精神和独立的人格，这是非常重要的。 如果知识分子没有自己的思想，没有自己独立的人格，他就很难成为一个社会的良心，很难成为一个社会的批判者和建设者。 所以，鼓励大学有自己的独立性，有自己的批判精神，我觉得还是需要的。

麦克法兰：

朱教授打算在中国尝试学院制吗?

朱永新：

我在大学已经在做（这样的试验）了。 我在中国的两所大学（北京华夏管理学院、苏州科技大学）设立了书院，这个新教育书院就是按照学院制模式，不同年级、不同专业的学生组成一个书院，起初只能从一年级开始，但现在其他年级也可以进来。 我这个书院要学生做这样几件事：第一，每两个星期都要读一本书，这个事讲起来，国外的教授会觉得好笑，大学不是每天都要看书的吗？ 但在中国的大学，许多学生过去都是不读书的。 第二，每天都要记录自己的生活，写日记。 新教育非常注重叙事，要求学生记录自己的生活。 第三，每个月都要给父母写封信，要懂得感恩。 第四，每个人都要参加一个社团，或者组建一个社团。 第五，每人每月都要参加一次公开讲演，锻炼口才。 第六，每人每月要参加一次公益性的活动。第七，这个学院所有的工作，包括打扫卫生，都是由学生自己完成，同时是学生自治的，大部分事情都由学生自己组织，然后有导师指导。 结合中国古代书院制和西方学院制的优点进行探索，我相信未来的中国大学会闯出一条路来。 刚刚你讲的学院制在英国中小学也有，我认为学院制在中学是特别值得探索和推行的。

我了解在牛津和剑桥，非常重视导师制，这样导师制有什么独特的特点吗？

麦克法兰：

导师制在牛津和剑桥有着特殊的意义和功能，这与世界上任何其他大学都不同。虽然这种方式非常昂贵而且费时，但毫无疑问是教年轻人的最好方法。中国大学正在引入导师制，但这在实践中究竟意味着什么？它是如何运行的，期望的结果又是什么？

朱永新：

现在中国的大学也开始尝试导师制，但是就我个人感觉，跟剑桥大学的导师制相比，我们仍然有非常非常大的差距。

导致这个差距很重要的一个原因就是我们的评价机制。在我们中国的大学，目前还是以科研成果为导向的评价机制。要衡量一个教授学问好不好、水平高不高、给的待遇高不高，在很大程度上是看这个教授写作和发表了多少文章，拿到了多少项目。但是指导学生方面，是很难去考量他的工作量的。

所以，在中国有一种我一直诟病的所谓辅导员制度。 这些辅导员都是专业内刚刚毕业的大学生，是以年轻人为主体的一种指导学生的队伍。 这些由大学生担任的辅导员，本身自己的人生经验就非常不够。 他们往往不是因为出色的专业成绩留校，而是由于在学校里面做学生干部，各方面表现优异。 看起来，这些学生似乎会做思想工作，但其实他们自己的人生观、世界观还不成熟，自己的社会经历也是非常不够的。 同时在专业方面，又没有专业教师那么强，自然很难真正起到导师的作用。

西方的导师制，一般是由那些最优秀的教授担任学生的导师，而且有非常具体的考核办法。 比如每个导师要管多少学生，每个学生每个月要跟导师见几次面，每一次见面要谈话多少时间，学生碰到问题的时候怎么样……都有非常庞大的、成体系的一套办法。 目前我们中国还没有。 所以我觉得，导师制毫无疑问是需要进一步在中国加强的。

我认为，第一步可能我们需要完善我们的辅导员制度，要全员做导师。 也就是所有的专业老师，都应该有做导师的经历和责任。 因为大学教育本身就更为鲜明地体现出教学相长的特点。 所有那些优秀的教师，都应该有做导师的经历，也只有做过导师，才能更好地了解学生、走进学生，也才能把自己的教育工作做得更好。

麦克法兰:

您的话让我想到另外一个问题，很多人问过我对于英国的大学或者对于英国的学院制度来说，到底什么才是它的精髓？现在想起来，我认为信任是英国学院制度的精髓，也是英国中产阶级生活的重要组成部分。中国社会存在多少信任？长期以来，中国人对家族以外的人都有所猜忌，在许多朝代，如清朝，人们通过相互监督等方式保持秩序，这种情况下，如何才能建立起这样的信任呢？

朱永新:

这个问题上，中英的确有很大的不同。你说信任是英国大学制度的精髓，也是英国中产阶级生活的重要部分。但是中国与英国有着不同的文化背景。中国长期以来是一个家族制、宗族制的社会，所以中国有句古话叫"非我族类，其心必异"，也就是说，你不是我家族的人，你的心就不是跟我在一起的。所以中国人天然有一种"画地为牢"的本性，缺少海洋民族的宽广胸怀，也没有移民城市的包容，所以有一个缺乏信任的问题。

中国现在的信任问题，和国家的契约制度、法制体系也有很大的关系。因为如果纯粹建立在一种心理上，而没有法治作为基础，真正的信任是很困难的。所以，中国的这种诚信体制和诚信机制的建立，会是一个漫长的过程。我们知道，在中国现代化的过程中，很多企业有坑蒙拐骗、造假售假等行为。这些情况，当然在西方也曾出现过，但是在中国，是当下比较严重的问题。

我觉得，首先还是要建立一套以契约精神为基础的现代诚信体系。建立以后，对那些不诚信的人，要有非常严厉的惩罚。现在我们社会中违约、违信的成本相对比较低，很难真正地建立起对别人的信任，所以我觉得需要从法制建设开始，然后逐步形成全社会的一种信任氛围。

另外，从教育上来说，我觉得也要更多地去倡导相互信任，鼓励相互信任。因为从人的本性来说，对人信赖、信任毕竟是一种天然的倾向。现在人与人之间互相的不信任，往往和社会化过程中得来的各种各样的经验有很大的关系，像我们很多父母亲就跟孩子说"你不能轻易地相信别人"，甚至一些孩子被要求不能和陌生人讲话，不能去理睬陌生人……在中国，这些有时甚至是安全教育的一个基本的导向，所以这也是需要重视的。这些教育和整个社会诚信机制的建立，也是有着非常密切的关系的。

你在《启蒙之所 智识之源——一位剑桥教授看剑桥》这本书中用大量篇幅讲述了剑桥的学院制，并且认为这是世界上包括美国在内的大学都没有的一种组织构架。 信任是学院制的精髓，为什么说信任对于学院制如此重要？ 中国的大学也普遍采用了学院制，但是我认为这更像一个扩大了的系科，而且学科的交融没有得到真正的实现。 你对中国大学的学院制有什么建议？

麦克法兰：

尽管牛津和剑桥两所大学拥有的经济资源远不如美国顶尖大学，员工的教学负担也远远超过多数大学，但教学和研究水平却在世界大多数大学之上，主要原因就是其独特的学院制。 剑桥大学的精髓就在于此。 它很小，包括博士生在内的各年级学生大约有五百人左右，工作人员也叫研究员，大约有五十人左右。 这就使学院具有强烈的社区团体意识，人们互相了解，这有助于产生幸福和信任。

学院是多功能的。 它有自己的图书馆，有供研究员、研究生和低年级学生见面的公共房间，有报纸、饮料设备和舒适的椅子。 它有一个活动中心，通常是一个美丽的小教堂，用于礼拜或祈祷。 它还配备有体育比赛场地，有可以划船的河流，有一个大餐厅和一个大学酒吧。 学校为所有的教职工和学生提供起居室，这些住所有的在学院里面，有的在附近招待所。 这里的学生可以跟同学一起吃喝、祈祷和学习。

学院吸收了来自理科、艺术、人文和社会科学专业的学生和教职工，他们可以和不同学科专业的人交流，也经常在项目上合作。 学院鼓励多学科和跨学科思维，任何人都不应该只是单一领域的专家。

学院有自己的管理机构，有自己的规章制度和纪律来管理学生。 警察甚至必须请求允许后才能进入学院，因为学院里的美丽庭院和花园通常属于私有财产，公众未经允许不能擅自进入。 而由教职工组成的学院委员管理会，其中会有少量的学生成员，研究生和本科生相应有他们自己的管理委员会。

除上述之外，学院还有许多俱乐部和社团，用于开展从音乐到体育的各种活动。 每个学院都有自己的颜色、徽章、旗帜和标识。 教职工和学生们可以在课堂外见面，而所有这些做法都是在鼓励学生团结友爱，相互尊重，致力于服务更广阔的事业。

你刚才提到"中国大学普遍采用学院制"，但这种制度在实践中意味着什么？ 中国的学院是否有独立的管理机构，独立的财政自治，独立的生活住宿和体育资源，独有的标志、旗帜和标识等这些？ 他们是由各个学科的人组成的吗？ 会有食堂、公共空间吗？

朱永新：

现在，中国的很多大学在学院制方向还在进一步摸索，包括我自己的母校苏州大学。前几年，我在北京的华夏管理学院任教，最近几年，我在苏州科技大学也创办了一所新教育书院，但是很坦率地说，我们中国大学里的学院，和中国传统的书院以及现代国外大学的学院，包括英国剑桥、美国一些大学的学院，还是有着很大的、甚至是本质上的不同。

首先，我们中国大学的学院，独立性比英国的要差很多。有的虽然可能有独立的管理机构、独立的财政体系，但也不能说是完全的自治、独立。一般情况下，中国大学里的学院，很少有自己独立的体育资源、独立的旗帜标志……当然，这些也根据各个大学的情况而有所不同。独立的餐厅、公共房间、公共空间等这些还没有完全建成。当然，在中国，现在也有一些新兴的大学，比如说南方科技大学，我去看过他们的学院，做得更类似香港和国外的这种传统的学院制。

其次，我理想中的大学学院制，应该是把中国古代的书院和西方现代的学院体系更好地结合起来。中国古代的书院有一个很大的特点，就是它非常注重自学，有一套完整的管理体系（院规、学规），特别强调教师和学生的教学相长。现在所有人更多的是强调教师的责任，教师作为学生的陪伴者和指导者的义务，所以这些问题还是需要进一步去发展。 其实，从管理学的角度来说，现在中国的很多大学规模越来越大，我觉得大学需要学院，学院应该有自己独立的文化、独立的管理机构、独立的财政，甚至于独立的学生住宿、体育场地、图书馆等等，这些都应该进一步落实。 中国的学院跟国外的学院不一样的地方，就是我们学院的专业分得更细。 很多大学有几十个学院。 而国外很多大学的学院往往是跨学科的，像剑桥的商学院，基本上是很多学科在一起，这样学科的交融会有比较好的保障。 这一点我们做得还不够。 现在我们办的新教育书院，就在努力地汲取国外的一些好的做法，希望让学生能够跨越学科实现更好的交融。

印象中，在剑桥，与学院制相辅相成的是"导师制"。 我注意到，您在剑桥40多年的生涯中也一直担任学生的导师，您介绍说，您大概为此付出了您在剑桥岁月中全部智慧和精力的四分之一。 您的许多学生后来成为各自领域的佼佼者，并且与您保持着长久的友谊。 是什么样的动力支持您这样做？ 剑桥的老师中有多少像您一样如此认真地履行导师的职能？ 现在中国的大学也开始引入导师制，您对此有什么建议？

麦克法兰：

　　根据我在牛津大学和剑桥大学学习和任教 50 年的经验，我想说，这两所大学的绝大多数教师都非常重视他们的个人教导和教学。 许多人把大部分的学期时间（一年只有 20 周的正式教学和 4 周的考试）用于教学。 我的许多同事每周面对面授课长达 10 小时或更长时间，加上准备和阅读论文的额外时间，时间几乎翻了一番。 因此，半个工作周的时间都花在教学上，剩下的时间主要用于行政管理，也许还有一些研究。

　　牛津、剑桥大学的同事们这么做有几个原因，正是这些因素激励了他们，也激励了我。

　　首先，个人教学的古老传统可以追溯到几百年前，它是基于学徒制和通过个人监督管理学习的理念发展起来的。 第二，你和其他人一样，所以你觉得自己是团队的一部分。 第三，大学的工资是足够的，这意味着你不必做第二或第三份工作，也不必为了赚足够的钱而设立精密的研究项目。 你的报酬来自你的教学。 第四，学生是优秀的，你从他们身上学到的和你教他们的一样多。 你让他们一起探究你的想法，他们会和你一起去做。 第五，许多学生后来身居要职，所以你的教学为你国家未来的成功做出了贡献。 第六，良好的教学能为你在同事中赢得声望和尊重。 这是一个足够小的社区，在一所大学或一个系里，人们可以知道其他人在做什么，如果他们没有做出认真的教学贡献，这一消息就会传开。 虽然教学并不能直接让你在大学系统中得到提升，但它会给你在大学系统中提供一个位置，并可能带来额外的好处。 最后，教学工作往往都是非常愉快的，这也有助于丰富你的写作和演讲，并为你带来与学生的终生友谊。

我已经讲过了一些有关学院制和导师制的内容，并在我的有关剑桥的书中，尤其是最近出版的关于剑桥大学国王学院的一本书中进行了详细介绍。 学院制和导师制都对我产生了影响，我自然认为它们是至关重要的。 两年在伦敦经济学院和三年在伦敦大学东方研究学院的经历，让我意识到，没有学院制和合适的导师制，教育会是多么的贫乏。

学院制和导师制的建立和运营成本其实都很高，在我看来，在中国只有削弱中国传统文化中对老师的绝对服从，导师制度才能在中国顺利运行。 但是，在指导了许多中国学生并与许多中国的年轻人一起工作之后，我发现与中国学生建立一种简单而平等的关系并没有那么难，就像我跟我的西方学生的那样。 所以在中国推行学院制我认为非常有必要，而学院制的基本功能（仅牛津和剑桥才能找到）将是对中国大学的绝佳补充。 据我这么多年以来的观察，在小型社区中，人类的工作效率是最高，所有教育机构都应该建立这样的自治社区。

朱永新：

据了解，最近几年，英国的自由学校（free school）发展比较快，民间力量参与教育的机会在不断增加。 英国中小学私立学校的发展前景如何？

麦克法兰：

"自由学校"的重要特征就是，不仅可以进行教育实验，学校管理也更加灵活，可以鼓励家长和当地组织更多地参与学校规划和运营。 英国教育家认为，单一教育体制无法唱好教育实践的独角戏。 英国虽然比中国小得多，但一直以来拥有各种不同类型的学校，包括公立、私立，甚至公私混合的学校，这对英国教育发展大有裨益。

朱永新：

但中国一直是一个以政府为办学主体的国家，最好的学校都是公办学校，您认为中国是否应该大力发展民办教育？

麦克法兰：

大力发展民办教育，培养多种混合的教育体制，同时鼓励私立和公立学校的发展其实是一体的。教育中经常存在过度规范和官僚主义，结合中国教育实际，就是中国社会阶层流动的中心阶梯，让位于儒家官僚主义教育的传统及其庞大的体系，这对中国教育发展而言，尤为危险。

朱永新：

发展民办教育，这其实很大程度上涉及教育体制的创新。其实中国目前任何鼓励本地创新和变化的额外"氧气"以及系统实验都是受欢迎的，而且也有一些突出的例子。例如，我们在山东省的茌平（孔子出生地附近）实验中看到了以学生为中心的教学方式，这种方式效果显著且极具创新性。我们还关注到了中国部分优秀的私立和实验学校。由此可见，在省市两级教育局的鼓励下，教育革新已经完成了许多工作，也激发了新教育形式的出现。

麦克法兰：

我听说过山东省的茌平实验（让学生自主学习的实验），能否具体说说您的看法？

朱永新：

山东这个实验我是比较熟悉的，而且我曾经去过这个学校。 这是在中国农村学校进行的一项变革，我们通常以该校的名称"杜郎口"命名这项变革。 这项变革主要是强调学生自主学习的作用，通过减少教师的讲授时间，加强对学生预习的指导，增加学生团队合作的学习以及学生的成果的展示，把学生自主学习的兴趣调动起来。

过去的中国教育里，教师"满堂灌"的情况比较普遍。 不管学生懂不懂，不管学生有没有兴趣，教师把 45 分钟讲满，相对来说效果比较差。 杜郎口也是在这样的背景下进行的突围和变革。

在杜郎口之前，江苏的洋思中学蔡林森校长就做过一些探索，主要的内容和杜郎口的内容相似，就是减少教师的讲课时间，每节课的讲课时间从过去的 40 分钟减少为 15 到 20 分钟左右，这样也就把一半的时间留给学生自主地读教科书、思考和讨论问题。 杜郎口中学的教室里面都是黑板，教室外边也是黑板，因为学生自己要演示，要展示，要交流，要研讨。 这样学生的注意力就集中了，思维就活跃了，当然学习的效果也就比较好了。

但是总体上来说，这样的课堂变革，还是处在一个提高教学效率的变革阶段。 在我们新教育实验看来，最好的课堂应该有三重境界。

第一重境界就是落实有效教学的框架，其实杜郎口就是落实有效的框架，就是把教学的结构和框架，通过时间分配给学生的预习、合作、展示、评价，提高学习的效率。

但真正让教学有吸引力还需要达到第二重境界，就是我们提出的挖掘知识这一伟大事物的内在魅力。 这就需要教师结合学科的背景知识，对文本有深刻的理解。 从这一点上看，相对来说杜郎口做得还是不够的。 所以，学生目前知识的学习是没问题的，但智慧的培养还是不够的。

我们新教育提出的第三个层次，也就是第三重境界，是让知识、师生生命和社会生活实现深刻共鸣。 从这个标准来说，杜郎口也还有待进一步完善。

但不管存在怎样的不足，在中国的农村，在山东大地上进行的这样一种教育变革，还是有非常积极的意义，给很多中国的教育同行、包括给新教育实验带来了很大的启发。 我也专门写过文章来介绍，特别强调他们所做工作的价值和意义。

麦克法兰：

我知道，中国几乎所有的学校都会学习英语，把英语作为一门重要的学科。 不知道在日常的英语教育中，教师是怎样鼓励创造和创新的？ 我有点好奇。

朱永新：

我觉得不只是英语学科，所有的学科都有一个鼓励教研创新的问题。 所谓的创新，无论是英语教研还是语文教研，首先最关键的还是了解这个语言的文化背景、这个语言自身的特点。 掌握一门语言最关键的还是"听、说、读、写"这样一些最基本的能力。 所以，对把英语作为第二外语或者第三外语的中国学生来说，它不可能像母语那样熟练，或者是很难达到像母语那样熟练的一个境界，也同样需要我们解决好"听、说、读、写"这样的基本问题。

麦克法兰：

您有相关的经验可以分享吗？

朱永新：

从我个人学习英语的经验来看，要想把英语作为一种工作语言，你就必须要有良好的"听、说"能力。要想有良好的"听、说"能力，根基就在"读、写"能力。所以，英语教育还是应该让学生"多听、多说、多读、多写"，才能提升他们的能力。那么，在这个过程中，怎么样提升他们的创造力呢？创造力的提升必须建立在一个坚实的基础之上，有了大量的阅读和思考，才能有真正意义上的创造。

学生在学习英语的过程中有两点比较重要。第一，要善于比较和联想。把英语和自己的母语进行比较，比较双方的文化，比较双方的语音特点，比较双方的语法，从中发现母语文化和外语文化之间的联系和区别。第二，应该鼓励提问。问号是打开世界的钥匙，提问、怀疑、批评，才能真正的产生创造性思维。

因此，学习的方法都是相似的。 英语的学习实际上和其他学科的学习一样，都需要鼓励学生多听说读写，鼓励学生去提问、去质疑、去批评，以此激发创造力，鼓励创新。

麦克法兰：

上面您是作为个人来谈的，那作为教师呢？ 那您觉得教师应该有什么样的创新思维？

朱永新：

教育不是把知识从一个脑袋装进另外一个脑袋，而是培养真正的人的事业。 随着科技的发展，单纯传授知识越来越简单。 但是，培养真正的人，随着社会的发展，在不同时期会出现不同的问题，呈现不同的难点，使得教师的工作具有显著的创造性。 教师工作的创造性体现在，教师面对的每一名学生，都是一个特殊的个体，既要了解学生的共性，掌握学生学习认知的科学规律，又要掌握其形形色色的个性，使每一名学生都得到充分发展。 所以，一名好教师，需要像一名农民，埋首于三尺讲台，苦苦耕耘；需要像一名工人，既熟悉流水线上的每个环节，又能切实负责自己的教学；需要像一名哲学家，对人生的价值意义有着高屋建瓴的通盘思考；需要像一名设计师，能够把所有思考绘制为精确的蓝图；需要像一名工程师，能够把蓝图中描绘的一切美好，化作不断得到落实的细致行动；需要像一名发明家，面对行动中出现的各种新问题，随时随地以新的方法及时解决；需要像一名艺术家，敏锐地发现美好，热情地鼓舞和讴歌……总而言之，教育过程是一个千变万化的过程，教育的内容和方法，必须随着科学技术的发展和学生身心特点不断改变。人生没有彩排，教师的育人过程也时时刻刻都是"现场直播"，有很多因素是难以预料的，教师应该善于运用教育原理、利用教育智慧来处理各种偶发事件。这样的话，教师没有创造性思维是无法胜任的。

目前中国大众创业、万众创新的浪潮席卷而来，在教育部的要求下，中国几乎所有大学都开设了创新创业课程。您对这种现象怎么看？

麦克法兰：

对此我知之甚少。原则上，现代学校和大学应该教授学生一些实用技能，比如会计，时间管理，与社交媒体打交道，人际交往，如何在团队中工作等。学校开设创业课程，听起来是个很不错的想法。 创业要求具备多种能力，通过创业培训，学生可以了解官僚机构的运作方式，学习如何在通信高度发达的时代更有效运作等。 但是，所有的好点子、好想法都有可能被过度吹嘘、夸大。 一个人具有商业头脑，或具备创新能力，这些似乎都不是教会的能力。

朱永新：

这些年中国在积极进行教育创新，您一定会略有耳闻。 我们在努力建立真正以学生为中心的教育社区，就是想让学生在完成自己最初的知识结构以后，可以通过自主的学习满足自己个性化的学习结构。 同时，还希望能建立国家教育标准和国家教育资源库，把全世界最好的教育资源整合到国家教育资源平台上，为学生们提供免费、简易便捷的教育资源。 我们还在努力改变考试评价制度，未来的考试评价系统会更加重视实际能力，而淡化对文凭学历的重视。

我们相信只有创新才能创造教育的未来！ 教育创新是经久不衰的话题。 我们期望通过创新解决多年存在的体制和制度问题，激发和增强中国教育的活力。

麦克法兰：

是的，我看到了很多中国在积极进行教育创新的尝试。 我访问了许多中国学校，并与中国的教育家们进行过讨论，看到很多人为改善中国的教育体系付出了巨大的努力。 这令人印象深刻，您提出的大的改革框架听起来很不错。 我觉得如果改革者们愿意花时间来研究中国传统历史的哪些因素，以及哪些特殊的国家特征阻碍了更开放的教育体系的形成发展，将会对中国教育大有裨益。

对于教育中过分强调以找工作为目的，或者以考入顶尖大学为目标；中国过去甚至现在的高度官僚化；过于强调知识学习，家庭给孩子和学校的压力过大……所有这些其实都需要进行相应的分析，然后采取对应的措施。

朱永新：

您提出的这些我认为需要顶层设计上的统筹规划，必须举全国之力，有针对性地进行教育变革，才能逐步实现。

首先，中国应该要努力建立真正以学生为中心的教育社区。 现在中国的整个教育体系都是建立在工业革命的基础上的，因此主张大规模，强调效率优先，主张以知识传播为主要目的，这些一直没有变化。 现在的学校，不管你住在哪里，你都必须早上按时按点到学校来，准时学同样的内容，这就是工业革命基础上的学习模式。

教育变革必须把以知识为中心改为以学生为中心，就是说学生可以基于个人兴趣和解决问题需要而进行自主性学习，还可以进行大规模的网络协作学习。 学生可能不再需要老师们教授一个非常完整的知识结构，而是在学生习得基本的知识结构以后，通过自主的学习，在此基础上建构一个能够满足自己学习要求的个性化的结构。 未来学校的概念会改变，变成一个学习中心，进入"后学校"时代。 标准化的教育将会转向定制化的教育和个性化的教育，这就是未来的教育目标。

教育变革的第二个层面是，建立国家教育标准和国家教育资源库。 目前网络公开的教育资源很多，缺乏系统性和规划性，每个县、每个学校都去建自己的教育平台、资源中心，导致了一方面教育投入不足，另一方面又出现大量的浪费。 再加上如前所述学习方式的变革，对教授和学习的内容会提出更高的要求。 教育越是自由，越是定制，越是个性，越是需要建设高效优质的学习中心，越是需要国家力量的整合。 因为教育文化的选择是非常宽泛的，要传授我们这个国家民族所崇尚的价值观，国家应为此承担责任，必须建立科学的、更具个性化的国家标准。

而关于教育资源问题，应组织国家的专业团队，举全国之力，用先进的网络技术把资源整合起来，建立国家教育资源库，使死资源变成活资源，把静态的课程变成动态的课程。 同时，我们也应该充分发挥国家的力量，把全世界最好的教育资源和全国民间开发的各种最优秀的资源，整合到国家教育资源平台上，为学生们提供免费、简易便捷的教育资源。

教育变革的第三个层面，即要建立基于互联网的科学的教育考试评价制度。 评价和考试是我们改革发展的风向标，现在我们评价的技术和机制都很落后。 我们的评价不是为了改进，而是为了贴标签，是为了选拔，为了淘汰。 未来的评价主要不是为了鉴别，而是为了改进。 未来的评价应该在学生学习的早期时候就开始，利用大数据的概念，自动记录学生的学习过程。 而这种评价的目的是为了改进，在记录过程的同时，可以及时发现这个学生的知识点缺陷，及时帮他改进。 而且更重要的是，在未来的评价体系中文凭的重要性会逐步淡化。

麦克法兰：

中国教育变革确实需要进行大框架上的设计。 但其实我们应该记住，我们学到的大部分内容都不是来自机构，而是来自其他人（朋友、家人、受尊敬的老师）以及操场上的课外活动。另外，当然还有越来越多的人通过互联网进行自我学习。所有这些都需要仔细分析。

中国的教育创新如火如荼，这中间是否也存在一些问题？

朱永新：

当然！目前许多人对于创新还存在许多思想上和行动上的误区，这是我要提醒的地方。

第一是教育创新的速度过快。目前几乎所有大学都开设了创新创业课程，但是我还是提倡，创新还是走得慢一点为好。开设创新创业课程，最迫在眉睫的问题是师资紧缺。学校创新的导师何处去寻？如果没有创新的土壤、创新的氛围和创新的内在动力和需求，创新根本无法实现。

第二是缺乏自由宽松的氛围。目前还是用统一的考试、统一的评价，把学生的思想禁锢在条条框框里。创新没有标准化答案，教育如果都把标准化答案提供给孩子们，是不能创新的。曾经有老师问孩子，冰雪融化后是什么？有学生回答称冰雪融化后是春天。这是一个很有诗意的答案，却不是老师手里的标准答案——冰雪融化后是水。当前教育最大的问题就是把什么都标准化，无论是大学、中学或是小学。尤其大学应该是非常宽松、非常自由、充满着讨论和争辩的场所。创新不能把学生的思想禁锢，要给孩子们畅想的空间。

第三是缺乏问题意识。创新的基点是个问号，创新实际上是从问题来的，甚至是从批评开始、从对现状的不满开始的。但现在教育最大的问题是不教孩子怎么提问题。在这种情况下，创新真的很难实现。

第四是阅读量的匮乏。创新的基础是阅读。一个人的精神思想史就是阅读史。创新不是一个可以批量生产的东西，创新必须要建立在大量的阅读的基础之上，现在的教育离阅读太远。要走对教育改革的路，还是要引导学生们扎扎实实地从阅读开始。这样，才能真正地把教育的路走正。

记得您说，"大学是映照文明史的一面镜子"，有什么样的社会文明就有什么样的大学。一个社会是开放的、平衡的、自由的，它的大学也就应该是开放的、平衡的、自由的。但是，我同时也认为，大学应该是社会文明的创造者，在一定程度上说，大学不仅积极地反映社会文明，还应该积极地改造社会文明。中国五四运动时期的北京大学，就曾经起到了这方面的作用。当然，大学对社会的反作用，取决于社会对大学的依赖和控制水平。

麦克法兰：

　　大学的作用是毋庸置疑的，它会以一种积极的方式来改变社会。 中世纪欧洲各地的大学都是由学者创建而成的自由学术机构，拥有独立财政和自治权。 他们自主决定教学内容、录取标准以及考试方式。 他们是国家的独立实体。 因此，像牛津剑桥这样的老牌大学通过培养独立思考的政治家、教师、医生、公务员、律师、牧师、商人和制造商，而塑造了英国文明。

　　长久以来大学享有的自由和独立，以及不断积累的财富一直受到强大的国家机器的忌惮。 所以在十六世纪到十九世纪期间，法国、德国、意大利和西班牙政府系统地摧毁了大学的独立性，这些国家的大学再也没能恢复完全独立。 在很多国家，比如日本，大学教师是公务员，课程体系由国家统一设置。 凭着好运气，以及岛国的地理优势，英国避免了这种普遍发生的情况。 有更多独立而自由的学生从学校毕业，不仅能提高整个社会的受教育水平，我觉得这更是社会的幸运。

　　据我所知，目前各种数据显示,中国教育水平已经达到甚至超过了中高收入国家的水平。 您怎么看待这个问题?

朱永新：

我觉得应该辩证看这个问题。 我们无疑是一个人口大国和教育大国,但是离教育强国还有很长的路要走。 之前在一个全国农村小规模学校联盟年会上,我曾听到这样一个故事,有一位老师讲他们学校有个留守儿童不小心吃了一只蟑螂,奶奶就发慌了,怕这个蟑螂在他肚子里面去活动,就拿蟑螂药给他灌下去,给小孙子喝了。 在感慨那位老奶奶无知的同时,我在思考:教育的"淘宝"何时可以诞生? 以人为中心的新的教育模式何时能够形成? 这是摆在中国教育面前的一个非常迫切的问题。

不仅是学生,就连许多家长们也对目前的教育制度不满意,那还怎么理直气壮地说我们中国是教育强国呢? 即便有人辩争, 全世界对教育都不满意,美国人对自己的教育也不满意,日本人对自己的教育也不满意。 但是, 其他国家的人民不满意的内容和我们不满意的内容是不一样的。 大家对教育的抱怨很多,对教育变革的期待很大,要实现变革,我想只有创新,只有创造。 有人曾经说过,未来不是我们要到达的地方,而是我们要创造的地方。 创造未来是摆在我们教育工作者面前的一个非常急迫的任务。

麦克法兰:

您认为哪些方面是教育变革的重点?

朱永新:

事实上,从信息技术产生以来,人们一直努力在探索教育变革。 一般认为,信息技术在教育领域的应用可分为三个阶段,而这也是人们探索教育变革的三个重要阶段——工具与技术的改变、教学模式的改变和学校形态的改变。 最初人们都是在工具与技术层面上改变教育,电化教育、PPT 课件等都是第一层面的变革。 接着第二层面,就是模仿其他国家应运而生的慕课、翻转课堂等,这些都属于教学模式的变革。 这两个层面都是教育的局部变革,而且都是非刚需性变革,对教育还没有产生根本性的影响。

据说,苹果公司创始人乔布斯生前曾经提出一个著名的"乔布斯之问":"为什么计算机改变了几乎所有领域,却唯独对学校教育的影响小得令人吃惊? "对于这个耐人寻味的问题,2011 年 9 月,美国联邦教育部前部长邓肯给出了答案:原因在于"教育没有发生结构性的改变"。

如果学校形态不发生深刻的变革，教育结构不发生相应的变化，真正意义上的教育变革是非常困难的，甚至从本质上几乎是不可能的。这就要求，我们的教育变革必须进入到第三个层面，即学校形态的变革。正如美国教育部前部长邓肯曾经说过的那样，我们在教育上的投入，包括教育信息化的投入，并不算少，但是远远没有产生像在生产和流通领域那样的效果，根本的原因在于"教育没有发生结构性的改变"。

而在怎么创造这个问题上，我觉得互联网提供了一个很好的平台。基于互联网，新的商业业态萌发了。教育也面临着一个结构性的变革，教育变革已经悄悄地来临，发生在世界各个角落，包括中国各地的小规模学校、民间教育力量也在积极探索。我们已经处在教育结构性变革的门口，能不能真正地开始变革与创造，取决于中国教育有没有勇气推开这扇门。推开了，教育"淘宝"就来了。更重要的是，中国不能跟在别的国家后面模仿，只有弯道超车，实现结构性的变革才行。

现在有越来越多的人通过互联网进行自我学习，这是现在不容忽视的一个趋势和现象。随着互联网的飞速发展，各行各业的发展形态都在发生着翻天覆地的巨变，如何通过技术创新促进教育创新，十分值得深思。我认为，通过技术创新促进教育创新很有必要。因为基于"互联网+"的教育，会完全颠覆传统的教育结构与模式。

212

麦克法兰：

是的，使用现代技术帮助实现教育目标的潜力巨大。 人工智能和在线教学（远程学习）应用非常广泛。 然而如今，在信息超载的时代，儿童及其父母却经常在游戏、微信聊天等方面花费太多时间。 我们对此必须足够警惕。 更应该被教给学生的是如何利用技术这一工具帮助他们进行探索。

技术的发展应用有可能减轻老师的负担，让老师给学生更多关注，并利用发展中的技术从事新型的教育，这是新技术的优势之处。 我也正在通过各种项目尝试利用技术开展新型教育。 其中包括把我的书《给莉莉的信》（*Letters to Lily*）制作成动画（2019 年 10 月在中国的社交媒体上发布前 12 个动画），教中国小孩子了解世界——爱情、友谊、游戏、法律、疾病和许多其他东西，也可能帮助中国年轻人探索其他文明。 大家可以免费下载。 我还在中国拍摄了很多电影，通过与众多创新艺术家、学者和其他人访谈，讲述他们的创造性生活。

我们正在进入第五大时代：从口语、写作、印刷、电影，再到计算。 这为社会的各方面都带来了巨大的可能性，也带来了巨大的挑战。 但不管是机遇还是挑战，都应在各个层面上进行探索，而不是放弃数百年来非常成功的方法。

朱永新：

科学技术的力量不容忽视。 它不仅能引起国民生活、国家经济、国际关系的广泛变革，还能推动物质生活的腾飞。 科学教育则能发挥对精神世界重新建构的作用，推动人类物质生活和精神世界协调统一，反过来再推动科学技术的发展，形成良性互动。

如果说科学技术是第一生产力，那么科学教育、科学普及可谓第一助推力。 因为先进的科学技术是促进国家富强的重要保障，为国家经济实力的增强提供坚实的支撑，有助于提高国家的国际影响力与竞争力。 科学教育通过培育高素质科技人才，向全民普及科学知识，极大地推动了科学技术的进步与创新，让科技成果惠及亿万人民，有力地改善民生福祉，实现国家的繁荣与富强。 现今中国对战略科技的需求比以往任何时期都更加迫切，因为发展科学教育，提升全民的科学素养，是将中国建设为科技强国的必然选择，要想实现弯道超车，中国就必须应用科学之光照亮求真创新之路，用科学教育提升全民科学素养！

麦克法兰：

您知道吗，中国的 5G 概念和技术太热了，在教育上有和 5G 相关联的投入吗？

朱永新：

5G 确实是目前整个社会的热点词，备受大家关注。5G 是第五代无线网络的简称，它与目前使用的 4G 相比，具有三个显著的特点，即高速率、低延迟、高容量。目前，5G 在教育上的应用，呈现几个明显的特点。一是大大扩展了物联网网络容量。物联网应用程序可以帮助教师更方便地获得关于学生学习的各种数据，提高教育的有效性。二是较低的延迟和较高的速度将扩展 VR／AR 的应用，扩大课堂中 VR／AR 内容的容量。预计 5G 的延迟时间将减少到 10 毫秒以下，是人眨眼时间的 1／30，会大大改善 VR／AR 的用户体验，成为教师更有用的教学工具。三是视频与远程同步课程会变得非常便捷，将会更好地推动城乡教育资源共享。

2019 年，将注定作为 5G 年而载入史册。2019 年 6 月 6

日，中华人民共和国工业和信息化部在全球首先发放了 5G 商用牌照，标志着 5G 技术正式进入应用。 6 月 27 日，世界移动大会在上海召开。 中国移动在大会上举行了"5G 赋能教育·智慧点亮未来"的分论坛。 论坛上发布的《5G 智慧校园白皮书》，提出了教育教学、教育管理、校园生活、雪亮校园、教育评价、5G 特色应用等六大智慧教育应用场景及解决方案，宣称将利用 5G、云计算、大数据、人工智能等信息技术手段，全面赋能智慧校园建设，标志着 5G 技术开启在教育上的应用。

因此，也有不少媒体发出了"5G 赋能教育""5G 改变教育""5G 推进教育公平"等相关的评论，教育界关于 5G 与教育关系的讨论也非常热闹。

麦克法兰：

5G 的普及会改善各地区之间教育资源不平衡的状态吗？它会给教育带来怎样的正负影响？

朱永新：

从教育的历史来看，每一次技术的进步，都会推动教育的变革。 但是，技术的革命究竟如何影响教育，在不同的时代也有不同的路径。

由于教育与我们每个人利益攸关，人们特别期盼新的技术革命能够成为变革教育的神器，正像互联网颠覆了商业模式，颠覆了金融体系一样，希望以 5G 为代表的新技术能够彻底改变我们的教育。 早在 20 世纪 60 年代计算机开始出现的时候，就有学者想用机器教学替代人的教学，甚至还有人提出了"学校消亡论"。 互联网出现以后，更有学者呼吁通过网络技术来颠覆当下的教育。 在这方面，世界各国的努力程度和投入力度非常之大，远远大于商业与金融业。

作为一种文化样式和意识形态，作为与个人的身心发展和国家的前途命运紧密联系的教育，变革的难度和复杂程度，远远超出我们许多人的想象。 所以，要想解决教育的问题，仅仅有技术是不够的。 不能指望通过技术的革命，我们就能一劳永逸地把教育问题解决了。 这是不切实际的。 5G 技术对教育的影响，也是如此。

到目前为止，我们对 5G 与教育关系的研究，主要仍然局限在技术、工具与教学模式的问题上，也就是说，仍然停留在前面两个层面上，而很少从第三个层面，即学校形态与教育结构方面进行真正的思考。

我认为，要从第三个层面上突破，应把学校建成新型的学习中心，充分利用 5G 技术背景下教育资源获取的便利性、即时性、共享性特点，对现在的学校进行重构，建立国家优质教育资源中心和新型的学分银行制度，打通学校与学校、学校与社会教育机构、学校与家庭的壁垒，创造"能者为师""课程为王"的新的构想。 在学校形态和教育结构进行变革的背景之下，再利用现在的 5G、大数据、人工智能等现代技术，打造一套新的教育生态系统，一种面向未来的教育模式，就完全可以成为现实。

纵观世界格局，当下的国际科技竞争比以往任何时候都更加激烈。 科学教育是科学普及的手段，也是科学创新的基础。 您认为科学教育是否重要？ 推进科学教育、提高科学素养应怎么做？

麦克法兰：

我完全没有资格回答这个问题。 除了 12 岁左右的几门基础生物学和电学课程，我从未在学校或大学学习过任何科学。这一直是我个人教育中的一个薄弱环节，尽管我怀疑自己永远不会擅长科学，但我应该学习一些东西。

近年来，我花了很多时间思考和撰写有关科学史的文章，并且我深入采访了数十位伟大的科学家，其中包括约十多位诺贝尔奖获得者，以及另外十多位卓越的科学家，他们从事的科研领域还没有设置诺贝尔奖，但是如果有的话，他们肯定也是获奖者。 从中我了解到，科学工作与我从事的历史学和人类学工作并没有太大不同。 在更深层次上，牛顿、爱因斯坦或图灵的工作没有太大不同。 因此，我认为在这些基础课上教给学生关于不同科学领域的简单基础知识可能既让学生兴奋，又能提供很多信息。 北京科学出版社长期以来一直在尝试用我制作的人文和社科相关的动画，来帮助学生从多角度了解世界，目前我们已经制作了数百个动画，供儿童简单地了解人文和社科中的一些重要理念，我觉得这很有意义。 这其实也是技术上的进步和创新带来的新的传播形式，让人不禁总是在教育方面去畅想未来的可能性。

朱永新：

在我看来，未来的学生可以在家里通过在线学习修完自己感兴趣的课程，学校只是一个答疑、做实验、社群活动的场所。 你同意这个想法吗？

麦克法兰：

很明显，随着互联网和在线教育资源的迅猛发展，学校将不得不做出改变。 学校成为学习中心，学生根据不同的需求来选择课程，安排自己的学习计划，这种模式是很有吸引力的。这基本上也是英国"开放大学"采用的模式，我们没有理由不将这种模式推广到中小学学校。 同时，这种模式也被一些顶级的英国大学所采用——学生们在图书馆和实验室里自学，偶尔参加讲座，面见老师只寻求指导、启发。 这种学习模式源于中世纪的"学徒制"，此制度既富有创意，又能节约成本。 因为其灵活简便，才能延续至今。

这种更灵活和更个性化的安排也将为年轻人的未来提供一个更好的开端。 这是不断自我教育的学习模式，即使学生们离开学校也不会停止。 知识发展迅猛，技术日新月异，学生很早就需要在家庭和学校的混合环境中跟上时代进步。

顺便说一句，医学和健康领域也需要做出同样大的改变。我认为大部分的治疗可以由病人借助互联网自主完成，让医院和手术成为治病的最后手段，这将成为健康教育领域的目标。随着技术的发展，您觉得未来的教育可能往哪种模式来发展？

朱永新：

有可能会走向类似中国古代私塾的模式。 其实 20 世纪 60 年代，美国就出现学校消亡的现象了，未来不需要学校主要有两个理由：第一个是有人认为学校没什么用，不能很好地实现培养学生实力的任务和使命，只是一个教知识的地方，而学习知识的途径很多，远不止在学校；另一个理由和斯金纳（美国心理学家）行为主义学习理论的实现有很大关系，当程序教学、"教学机器"一类的理论成为现实时，学生完全能通过机器进行学习，制定自己的学习步骤、学习内容，如果是这样，学校就没有存在的必要了。

其实人类最初是没有学校的，后来随着生产力高速发展，出现行业分工。有的人离开体力劳动，专门从事传递经验和知识的职业，这就产生了学校，后来又有了现代学校制度。最初的学校制度主要为了培养官员，培养贵族的接班人，后来随着学校的普及，现代学校制度产生了，这也是英国大革命以后才产生的。

为了培养新的劳动者，就需要人有知识，所以大量普及义务教育，而为了普及义务教育，提高效率，就又有了现代学校运动。现代学校兴起后一直发展到今天，随着第三次工业革命的兴起，互联网技术可能会颠覆我们现在理想的学校模式，未来的学校可能会变成一个学习中心。上次您提到英国一个开放大学已经是这样的形态，那如果大学以后是这样的形态，我们自然会有疑问，在中小学会不会也发生这样的变化。我一直鼓励我的朋友在中国投资一个叫"未来学校"的新型学校，或是一个未来的"学习中心"，在这样的教育模式下，学生并不需要到学校来，他在家里就可以预约和某个老师会谈或定制课程，除了必要的见面或授课需要到学校外，其他时间都在家中或在社会实践中去学习。

麦克法兰：

我也认为未来学校的形式会大不相同。 它们可能将更像是我的孩子们几年前在剑桥就读的创新型"乡村大学"。 在那里他们有图书馆、游泳池和其他设施，当地社区也可以使用。 大学强调与当地社区融合，就像家校合作共育一样。 同时，学校将无处不在，也就是说，家甚至手机都将有可能成为学习的场所。 这些学校将成为枢纽，而不是专属中心，而且它们是多功能的。

您有想象过未来学习中心的模型吗？

朱永新：

其实有！ 未来，可能学校不再是唯一的学习场所，并且会被学习中心取代。 未来的各种培训机构，如好未来、新东方等教育机构，也将会成为新型的学习中心，或成为政府购买公共服务的学习中心。

能者为师，未来的学习中心，会是一个开放的体系。 今天的学校，在一定意义上是一座孤岛，而未来的学习中心，将是彼此连接的环岛，是一个开放的体系。 它既可以是网络型的，也可以是实体型的；可以是传统学校转型而来的，也可以是各种教育培训机构转型而来的。 未来，学生可以在全世界的大学、不同的学习中心选择课程，每个学习中心的课程，经过认证机构或学习中心的许可，可以互相承认、互换学分，使大学学习不受时间、空间、机构的限制，实现教育资源的开放与公平。

未来的学习中心，将建立起一个以学生和教师为中心的服务体制，在教学核心业务上是扁平化管理，会出现"多中心"的方式。 每一位优秀的教师或者精品课程，将成为一个"中心"，形成教师引导、学生自己组织管理的运行模式。

当然，对低年级的孩子来说，我们对新媒体的运用，还是要适度加以控制，从教育策略上来说，仍应进行更多引导，让学生利用技术学习，而不是被技术控制。 毕竟孩子自我控制的能力相对来说比较薄弱，可能会沉溺于上网、沉溺于电视、沉溺于技术本身带来的各种便利之中，或者习惯于用技术协助学习、疏于自主思考。 而且，随着科技的发展，新媒体就像傻瓜相机一样，在技术的应用性上越来越强，很多技术是不需要太多学习的。 像我们当年还得专门去学计算机，专门学习怎样操作各种软件，现在的孩子却可以非常简单便捷地进行同类操作。

现在中国的网民越来越多，大概有 6.5 亿左右。有人预测，再过几年中国网民将会达到 10 亿。事实上我们的手机用户现在已经有 10 亿了，每个手机都可以上网，相当于现在就已经有 10 亿网民。我想，未来的整个网络，可能就是一所更大的学校。那么，除了学校之外，我们各级政府和教学部门，怎么更好地利用网络平台，来提供更多科学的、严谨的、丰富的资源，帮助建立学习化的社会，这才是我们应该努力的方向。我觉得，未来的学校和整个社会这所大学校，它们是一个整体，都将成为彼此不可分割的部分。

其实，当学习的形式发生变化，随之而来，对学习的评价标准和体系也会发生相应改变。您有想过未来的考试系统会发生什么样的变化吗？

麦克法兰：

可能会更加灵活和多样化，会测试多种创新技能，而不仅仅是基于记忆和反应速度的纯粹智力测验。它还会测试美术、手工、游戏、音乐、计算机和互联网素养、社交技能等方面的能力，其中也包括数学、语言等需要笔试的考试。这种多元的考试体系或许很难引入，尤其是在拥有悠久传统和儒家教育的

224

中国。 但或许以后人们无需通过拼命往上爬才能找工作，大家会从事不同的工作，并且无论如何，都会有最低限度的生活保障，这样一来，学校对考试的过度强调会有所缓解。 工作和非工作的界限将变得越来越模糊。

朱永新:

每个国家和民族都有自己悠久历史的文化传统和教育传统，但在国际化的背景下，究竟是应该强化民族的文化传统，还是应该强化国际化的课程？ 随着现代技术的发展，未来的翻译机器的出现，还有必要学习外语吗？ 其实就像现在，因为我和您没办法直接进行同一种语言的对话，所以还是需要依靠翻译人员，才能让我们有效地沟通。

麦克法兰:

当前的发展趋势一直都是强调国际化和全球化。 大多数成功人士都需要在不同文化之间开展工作。 他们需要植根于一个传统，同时准备好去探索体验不同的世界。 我认为教育也应该帮助完成这项使命。 学习一门外语，不仅仅是在掌握一种工具，也是接触和理解其他文化的途径。 能更好学习外语的方法是，鼓励学生体验文化冲击，或访问自己文明中的不同亚文化，同时与其他文化中的学生、班级或学校结对，有系统地学习其他文化中的阅读、电影、音乐等方面的内容，而不仅仅局限于词句等方面。

朱永新：

您认为未来互联网对教育体系会有何影响呢？

麦克法兰：

互联网对教育体系已经产生了相当大的影响，我想这种影响将越来越大，不仅作用于学生时代，而且会对学生的整个人生都有影响。 就像学生时代的友谊会发展成社会中的友谊一样，互联网学习也是如此。 当然互联网也会给教育带来问题——你永远无法离开学校，老师永远也无法摆脱他们的学生和学生家长。 但是，如果精心管理，那么互联网学习对学生的正面影响是远超其负面影响的。 您觉得呢？

朱永新：

我认为在互联网时代，个性化教育及终身教育都将得以实现。互联网及人工智能的发展，正在推动现代教育制度及教育生态的变革，为个性化教育提供了基础条件。"MOOC"（慕课）的出现，就是重要标志之一。MOOC 是大规模在线开放课程的英文简称，其中"M"代表 Massive（大规模）；第二个字母"O"代表 Open（开放），即不分国籍和区域，对所有人开放；第三个字母"O"代表 Online（在线），即网上学习；第四个字母"C"代表 Courses，即课程。《纽约时报》曾经把 2012 年称作"慕课元年"。《时代周刊》一篇题为"大学已死，大学永存"的作者也认为，慕课的出现宣告了传统大学即将消失，未来的新型大学将应运而生，未来有可能出现基于互联网技术的新型混合制大学。

未来，教育形态势必会发生天翻地覆的改变。在未来，固定的教育场所将在互联网技术的支持下，转变为无数的教育平台，而这就打破了场域的限制，并且使得我们的教育带上了互联网的色彩，更加偏向定制化、个性化。而恒定不变的是，要通过教育传授我们这个国家、我们这个民族所崇尚的价值观。对于价值观的传授和选择，国家是有责任的,为此必须建立科学的、个性化的国家标准。 这个国家标准要科学准确，决不能让少数人来制定，而应该符合大众对教育的要求，顺应未来教育的发展趋势。

互联网平台具有汇聚海量资源的特点，那在互联网平台上，势必会有来自各方、不同年龄阶段和有不同教育需求的对象，我们应该提供不同细分领域的教育资源。 互联网平台正如茫茫大海，汇聚了海量的互联网资源，但一方面是存在内容良莠不齐的问题，另一方面是存在成本过高、重复建设而造成资源大量浪费的问题。 这就需要国家组织专业团队，用先进的网络技术把资源整合起来，把死资源变成活资源，把静态的课程变成动态的课程。

互联网快速发展，我们已经置身于大变革之中，虽然在相当长时间内，传统教育模式和新兴的教育模式将会同时存在。 但是，一个新的教育世界已经出现在地平线上，我们已经看到了未来教育的曙光。 我相信，只要我们拥抱这种改变，积极推进教育的创新，就能够克服各种难题，中国教育就能创造未来，赢得未来。

您是如何看待技术对于教育的影响的？ 您认为电视机、计算机、网络的出现，对教育的影响是正面的还是负面的？ 未来的"教育"是否会被"学习"取代？ 或者说，未来的教育形态是否会变成以自我教育为主的新的教育形态？

麦克法兰：

第一，技术对教育的影响取决于使用技术的方式。 它不是替换或破坏现有的系统，而是增加新的维度和深度。 至于教育的形式，阅读、讲课、研讨会、写作等都占有一席之地，同时也有其他形式。

第二，我们应该引导孩子去思考关于技术该如何应用以及在生活中如何与技术相处的问题，以防成为技术的奴隶。 他们必须学会保持安静、正直、和平和专注，例如，学会阅读，而不是被技术大潮卷走，不要让他们的生活因接触太多技术而支离破碎。 孩子们需要养成自律的习惯，控制自己对技术的痴迷。

第三，大多数传统教育制度都会强调权威，并在代际之间传递知识，传递"智慧"或至少是实际技能。 然而，传统的自上向下的模式正在被一个自下而上的模式所取代。 大多数人可通过互联网获取所需知识。 因此，教学方法应以学生为中心或以学生为主导。 教师将成为推动者、指导者、导师，而不是知识库。

因此，如今学习更需要学会如何检索、评估和使用信息，不仅仅是学习书籍和文章的检索，更应该学会如何在庞大的在线数据库中进行检索和获取信息。 年轻人应该学习搜索引擎、信息整理和多媒体制作，还需要学习媒体的理论和实践的相关知识，这在未来的信息世界中是非常重要的技能。

我很好奇，目前交流技术层出不穷，中国学校是如何引导学生正确使用新的交流技术（比如社交网站、手机和电脑等）的?

朱永新：

中国学校目前对学生正确使用新的交流技术的引导，仍然落后于教育对新技术、学生对新教育的渴望和需求。 尽管在学校里开设了计算机课，但手机、电脑等早已走入家庭，学校对学生的引导还不够，更多是停留在帮助学生学习一些电脑知识的层面，而家庭则更多的是停留在阻止孩子上网玩游戏的层面。 网络在教育中的重要影响和重要意义，还没有得到充分的重视，网络对于教育的巨大推动力量，也没有得到真正的发挥。

应该说，整个教育都是随着技术的不断发展而发展的。 技术给教育带来越来越多的改变。 在现在的学校里，教育如果不利用技术，我相信是没有出路的。 学校不可能成为一个远离技术的真空空间，而且学生获取知识的渠道也越来越多，所以现在的孩子已经从过去的前喻社会、并喻社会渐渐地走向后喻社会。 这样一来，学生获得知识的来源和教师是完全平等的，他可能比教师懂得更多，在某个领域更有优势。 所以，我们不要恐惧，应该让学生真正去掌握这种技术。 甚至于，我们应该根据学生获取信息知识的这种新方式，调整我们的整个教育过程。

所以，正如我们刚刚谈论过的，未来的学校是不是可以成为一个学习中心？

也就是说，学生可以利用现在这样写作业的方式，比如慕课、翻转课堂等等，在家里学习大部分的课程，而学校则成为一个实践的场所、动手的场所，成为师生之间答疑解惑的场所，成为同学之间交流交往的场所。 在未来，可能学校的性质也会从现在意义上的学校变成一个学习中心，那么"教育"两个字未来也可能就变成了"学习"两个字。 那时候的教育，是一种师生之间、学生之间双向的教育，真正永恒的是学习，所以未来的学校是一个教师和学生相互学习、相互影响的学校。

后　记

　　2015 年 BBC 制作了系列纪录片《中国式学校》，播出后在中英两国引起巨大反响，朱永新教授特意撰文《"真人秀"的真拷问——中英教育 PK，中国真的赢了吗?》反思解读，并以文为媒，邀约麦克法兰教授笔谈，希望立足东西方不同视角审视和比较中英教育制度的内涵与实践。 由此，二位学者萌生了共同出版一本中英教育谈话录的想法。 随后，绵延五载，辗转北京、郑州、中山、深圳等地，经由数次面对面对谈切磋，又通过邮件传书，籍借编辑组辅助完成了多番远程对话。 我很荣幸组织和参与了每一次对谈，这个过程就好像在两座山峰之间前行，领略不同地质构造、形成年代、气候特征造成的生态景象差异，因而得以洞悉迥异的环境特征和于斯生长的生物种群特性，也释然于生态系统改造之不可一蹴而就。 他山之石，可以攻玉。 麦克法兰教授在对谈中掷出的观点和论证多基于英格兰精英教育体系的理论原型，与之回应，朱永新教授也阐述了"新教育实验"的核心理念和方法论体系。 区别在于麦克法兰教授的原型理论看似更接近于一棵根深蒂固、笼罩整个英国社会的大树，而朱永新教授的"新教育实验"则致力于将包含着

"晨诵、午读、暮省"等教育理想的种子在中国社会多元地貌中散播出携带共同文化基因的林木。 这正好与麦克法兰在《中国、日本、欧洲和盎格鲁世界：关于四种文明的比较研究》一书中所描述的中英社会的"植物隐喻"不谋而合。① 二位学者的现场对谈一向行云流水，问答都以极快的速度进行，看似信手拈来，实则凝练了经年累月的思索锤炼和调研实证。 如果说读一本好书就好像和许多高尚的人谈话，那么读一本对谈录有时相当于阅览数十本好书的精华。 在此，我想有必要概略地回顾两位学者的学术理路与著述，以便东西方的读者们了解对谈中的隽言妙语背后所栖寄的深厚思想来源。

朱永新教授亲历了中国当代教育制度的重建与改革。 阅读与教育衔接起他个人生涯的数次转折，而他所发起的"新教育实验"与"新阅读计划"则刷新了一代人的教育关键词，全面影响了从儿童到家长再到教师不同人群、从乡村到城市再到国家政策各个层面的宏微观教育革新。 朱永新教授著述甚丰，从系统教育思想的铺陈论述到细微现实剖面的聚焦点评，从不同角度诠释与反思中国教育，透显出其教育关怀的四重底色：一

①　见艾伦·麦克法兰,《中国、日本、欧洲和盎格鲁世界:关于四种文明的比较研究》,剑桥:康河教育出版社,2018 年 4 月。麦克法兰将古老的银杏树作为中华文明的象征,隐喻其依靠独特的双系繁殖方式,实现既有连续性又有突然断裂的发展;而以橡树隐喻英国社会,在高度个人主义的基础上建构起现代社会的经济(市场)、政治(民主)和宗教架构。

是作为经受过系统教育学训练和 40 余年研究冶炼的学者，朱永新教授具有深厚的思想史研究基础。 他出版过《中国古代教育思想史》《中国近现代教育思想史》《中国当代教育思想史》《中国本土心理学研究》《外国教育观察观》《教育心理学论稿》，近作《未来学校》则剑指"去学校化"的未来教育趋势，对古今中外教育思想体系有系统性的认知。 二是作为参与高层教育政策制定的官员，朱永新教授拥有宏观地审视中国教育机制的政策视角。 作为全国政协副秘书长、中国教育学会副会长、中国教育界具有代表性的民主党派——中国民主促进会中央副主席，他将履职的心得和建言辑录于《中国教育评论》和《中国教育建议》，从中可以管窥包括教育公平、高考改革、教育评估、东西教育差距、教育去行政化等重大问题决策的过程与思路。 三是作为推动"新教育实验"的教育改革实践者，朱永新教授积累了深入一线的微观体察。 他发起的"新教育实验"现有 5200 多所学校加入，是世界最大规模的民间教育改革行动，其中大半参与主体是乡村学校。 通过《中国新教育》《新教育讲演录》《新教育对话录》《走在新教育路上》和《写在新教育边上》一系列著作的出版，朱永新教授系统阐述了"新教育"的理念与实践、特征与方法，积累了丰厚多元的案例库，也使其思想更具本土化的适应性。 四是作为秉承传统教育理想的知识分子，朱永新教授通过《我的教育理想》和《我的阅读观》，阐述了其"培养幸福而完整的人"、以阅读促进个人成长成熟和民族精神境界提升的教育理想。 这也是他所有著述中最富含激情的部分，隐含着"家国天下"式的情怀和责任感。

朱永新认为教育最根本的理念是"过一种幸福完整的教育生活"，最好的教育就是帮助每个生命成为最好的自己，充分张扬个性与潜能。 而教育的根本的目的是培养出既有着民族情怀、又有着全球视野，既有着本真的生命体验、又拥有全面的科学知识，具有创造能力的未来公民。

麦克法兰教授是英国著名历史学家和人类学家，英国国家学术院院士、欧洲历史学会院士。他著有关于英国、尼泊尔、日本及中国人类学和历史学研究专著 70 余部，被译成多国文字传播。这本对谈录里隐含的麦克法兰的思想谱系可以勾画为横纵交织的四条脉络：一是对于英国社会深入腠理的解析与理论凝练，这主要来源于他对"现代性"缘何诞生于英国这一问题的持续研究与思考。 从《英国个人主义的起源》《英格兰的婚姻与爱情，1300-1840》到深受推崇的《现代世界的诞生》及新近由深圳报业集团出版社出版的"麦克法兰现代思想家丛书"，他对现代英国社会的制度和思想来源的考察贯穿经济、社会、法律等多个维度，所以对嵌入历史和社会结构中的教育制度理解更加入木三分。 二是 50 余年跨文化的人类学田野研究经历，使其积攒了对东方文明中不同形态的社会直接的观察和体会。麦克法兰教授曾 20 次到访尼泊尔（出版《资源与人口：尼泊尔古容人研究》），8 次到访日本（出版《福泽谕吉与现代世界的诞生》《日本镜中行》），近 24 年间 18 次到访中国（最新出版《理解中国》），目睹了中国改革开放后的巨大变化。以东方之镜反观西方之文明，积累了锐利的洞察和深刻的思考。三是经由个人教育经历之反思和素材积累，完成了对每个教育阶段的"深描"。麦克法兰的教育经历本身即是英国精英教育的典型样本。他出生于印度阿萨姆，五岁时被送回英国接受教育，分别在多罗塞特、牛津龙校和赛德伯格等知名学校度过幼儿园、小学和中学时光（见《多罗塞特时光》《龙校时光》《赛德伯格学校岁月——英式寄宿学校经历》）。这段与家庭分离、在英式寄宿学校中攀越重重阶梯的经历，成为他教育方面写作的重要灵感来源。他在牛津大学度过本科和研究生阶段的六年时光（见《牛津本科岁月》《牛津研究生岁月》），相继在牛津大学、伦敦政治经济学院和伦敦大学完成历史学和人类学的学术训练并获得博士学位，随后于剑桥大学社会人类学系任教 40 载（见《成为人类学家》及《启蒙之所　智识之源——一位剑桥教授看剑桥》）。他将关于各阶段教育历程的文字和影音资料，编辑成厚厚十本图文并茂的书，整理出其思想形塑和人生经历"深描式"的回忆录，为原型化的教育制度提炼提供了个人化的论据基础。四是面向大众和广泛教育议题的普及性写作，使其教育思想的实施具有可操作的路径方法：写作《给莉莉的信》向青年人解释世界是如何运作的，写作《给四月的信》向中国小读者讲述西方哲学历史演替以及我们如何知"道"，写作《给山姆的信》讲述如何像福尔摩斯那样破解谜题……麦克法兰教授通过"大师小笺"系列的写作，以一个亲切的长者的口吻向青少年传授自己的体悟、方法和生活之道，被热爱他的读者称为"萌爷爷"。

麦克法兰擅长从历史学的角度入手研究问题。在他看来英国教育体系是工业革命的产物，为了适应工业化对家庭结构和传统教育体系的冲击，寄宿学校制度逐步建立。寄宿学校不是单纯教授知识的机构，而是培养可以在社会中生存的年轻绅士的场所。他援引人类学家范根纳普"生命礼仪"的理论，将英国学校教育的历程分为分离、过渡和再融入三个阶段。预备学校（小学）阶段，学生们开始与家庭分离；寄宿学校阶段，学生们需要在学校这个"模拟小社会"中习得类似真实世界中的游戏规则，其中顺利度过过渡期的将晋级成为更强大的玩家，在之后的融入期内获得更优越的判断力和生存能力；升入大学后，学生们会重新融入更广泛的中上层社会，适应完全成人化的非家庭世界。麦克法兰教授将教育概括为对头脑（Head）、身体（Body）、心灵（Heart）和灵魂（Soul）四个面向的训练和熏陶，并进一步指出英国精英教育将目标设定为培养固定阶层的预备成员，因而在教育内容上不过度强调知识教授，而注重四个面向多元能力的综合培养。

朱永新与麦克法兰在对谈中展现了自成一家的教育理论体

系，但读者需注意两者的概念化主体于逻辑关系上的对等性。若强以精英教育之镜比照普惠教育之现状，则难免会落入田忌赛马的陷阱。中国人口数量庞大，通过教育改变命运，对于大部分学子而言仍旧是成本最低、预期最稳定的实现阶层跃升的方式。通过公正的考核制度严守教育公平的底线，才能葆有社会的公平与活力。这与镜鉴西方教育的优势并不相悖。面对多元化的教育诉求，推动建立更具宽容性的培养方式和评价标准，尝试以局部教育生态改善、微观教育创新日渐消融异化的教育方式，对于不断革新的中国社会而言深有裨益。

由于对谈的体例自由度较大，时有跃进，时有回溯，为了便于读者阅读和提取信息，经作者同意，我们根据提问的意旨将对谈的内容划分为教育的本质、童年与阅读、家庭教育、素质教育、创新与未来五个主题，编纂成独立的章节。第一章主要通过学校教育阐述中英教育体系的文化土壤与制度内核；第二章通过对各自童年经历的回顾，解读阅读对于成长的作用；第三章探讨家庭教育的地位与作用；第四章谈论绘画、手工、舞蹈和戏剧等核心素质教养的价值，提倡将素质教育融入到教育活动的各个环节中去；第五章在讨论理想的大学教育之后，探讨了未来教育的发展趋势——两位学者对谈论未来教育始终抱持着巨大的热情，至今我仍能回想起两人说起未来学习中心时的会心而笑，或许是看到了剑桥式的学院制和导师制（super-vision）与中国传统教育中注重言传身教的"师徒制"在某种创新意义上的殊途同归吧。

越是在对谈所传递的思想中涤荡，越是担忧如何能将二位学者的睿思和创见原汁原味地传递到读者手中，既希望于学术语言准确，又惴惴于辗转翻译中磨损了两位大师语言的况味。在这里，我要感谢历任编译组成员，包括王笛、岳坤、王蕾、何雪聪、徐群霞、杨璨、刘寒雁、陈东、王玲蔚、汪媛、吕馨慧，在每阶段对谈中投入的精力和努力。同时也感谢朱永新老师和文苑编辑在最后编辑阶段的宽容与支持，使这本对谈录可以如期出版。

这本书是我第二次与朱永新和麦克法兰教授合作的成果。2015 年，恩师麦克法兰教授出版《给四月的信》作为送给我女儿的诞生礼，我曾担任翻译之责，而朱永新老师慷慨赠序。投之以木桃，报之以琼瑶，往来间成就了出版这本中英教育对谈的机缘，算是一段佳话，特属文记之。而这本书的英文版不久后也将由康河教育出版社于英国出版，对谈的声音将被更广泛的读者听到；二位学者所共同主编的《国际教育观察》杂志也将发刊，关于东西方教育的反思与讨论将持续进行。朱永新的同乡，麦克法兰的同行，曾求学英国的中国人类学家费孝通先生在谈及各民族、各国家的文化传统时提出"各美其美、美人之美、美美与共、天下大同"的愿景，我想东西方教育的未来也应如是。

马 啸

2020 年夏至于北京